suhrkamp taschenbuch
wissenschaft 1050

Auf ihren früheren Arbeiten aufbauend, plädieren Goodman und Elgin für eine umfassende Neuorientierung in der Philosophie und anderen Künsten und Wissenschaften.
Anstöße zu diesem Prozeß waren die Einsicht, daß unbezweifelbare Wahrheiten als Ausgangspunkte nicht mehr zur Verfügung stehen, außerdem die Entdeckung der schöpferischen Komponente auch in den Naturwissenschaften: Das rudimentärste wissenschaftliche Gesetz gilt als Verallgemeinerung über die beobachteten Einzelfälle hinaus. Auch in den Beobachtungen selbst zeigt sich dieses kreative Moment insofern, als wir Merkmale, die uns nicht interessieren, gern übersehen. *Revisionen* stellt nicht nur einen Wechsel im begrifflichen Apparat vor, sondern eine umfassende Neuorientierung, die sich auf Interessen und Einstellungen auswirkt und methodologische Maximen einbezieht. War man bislang überzeugt, daß sich Systeme, ausgehend von unbezweifelbaren Tatsachen, aufbauen lassen, so zeigen Goodman und Elgin, daß Tatsachen durch Symbolsysteme überhaupt erst geschaffen werden. Das entsprechende (Symbol-)System entscheidet, ob und welche Art von Tatsachen vorliegen.
Revisionen kommt zu dem Ergebnis, daß an die Stelle der traditionellen, aber zu engen Begriffe der Wahrheit, Gewißheit und Erkenntnis die weiter gefaßten Begriffe der Richtigkeit (von Versionen), der Übernahme (von Symbolen) und des Verstehens (von Symbolsystemen) treten sollten.
Nelson Goodman ist Professor (Emeritus) für Philosophie an der Harvard University. Von seinen Büchern liegen im Suhrkamp Verlag außerdem vor: *Tatsache, Fiktion, Voraussage* (stw 732); *Weisen der Welterzeugung* (stw 863); *Vom Denken und anderen Dingen.* In Vorbereitung: eine Neuausgabe von *Sprachen der Kunst* sowie ein Diskussionsband zu diesem Werk.

R. MAIER (A)

Nelson Goodman
Catherine Z. Elgin

Revisionen

Philosophie und andere Künste
und Wissenschaften

Übersetzt von
Bernd Philippi

Suhrkamp

Ffm, 1993

Titel der Originalausgabe:
Reconceptions in Philosophy and Other Arts and Sciences

Indianapolis: Hackett Publishing Company, Inc.

Die Deutsche Bibliothek – CIP–Einheitsaufnahme
Goodman, Nelson:
Revisionen : Philosophie und andere Künste
und Wissenschaften /
Nelson Goodman ; Catherine Z. Elgin.
Übers. von Bernd Philippi. –
1. Aufl. – Frankfurt am Main :
Suhrkamp, 1993
(Suhrkamp-Taschenbuch Wissenschaft ; 1050)
Einheitssacht.: Reconceptions in philosophy
and other arts and sciences <dt.>
ISBN 3-518-28650-1
NE: Elgin, Catherine Z.; GT

suhrkamp taschenbuch wissenschaft 1050
Erste Auflage 1993

Satz und Druck: Wagner GmbH, Nördlingen
Printed in Germany
Umschlag nach Entwürfen von
Willy Fleckhaus und Rolf Staudt

1 2 3 4 5 6 – 98 97 96 95 94 93

Inhalt

DRITTER TEIL: VORWARNUNGEN

Für Israel Scheffler
Unbeugsamer Student
Anspruchsvoller Philosoph
Treuer Freund

Vorwort

Anstoß für eine Revision kann eine Katastrophe, eine Inspiration, eine Sorge, ein Zweifel, ein Fehler sein. Nun, da der Anfang, an dem alles wüst und leer war, längst entschwunden ist, steckt die meiste Arbeit des Philosophen in der Neufassung, sein Erzeugen ist Wiedererzeugen, sein Schaffen Umwandlung. Aber eine Neufassung beschränkt sich nicht auf Korrektur und läuft nicht immer auf Ersetzung hinaus; sie kann erhellende und erhebliche Alternativen zu einer bewährten Auffassung hergeben, weniger einen Ersatz für sie. Auch sind Begriffe und Auffassungen nicht ausschließlich sprachlich, sie können piktural, diagrammatisch, gestisch, kinästethisch oder von irgendeiner anderen Art sein. Musikalische Variationen sind Neufassungen, die weder verbal sind noch Ersetzungen der Originalversion darstellen. Ferner zieht eine Neufassung, ob die beteiligten Begriffe verbal sind oder nicht, nicht immer eine Veränderung in dem nach sich, was benannt oder beschrieben oder auf andere Weise denotiert wird; sie kann sich auch auf das beziehen, was exemplifiziert oder ausgedrückt oder auf was indirekt angespielt wird. Daher kann ein Wechsel im Stil oder sogar im Vokabular eine wichtige Neufassung bewirken.

In diesem Buch werden einige Neufassungen vorgeschlagen und viele andere vor einem philosophischen Hintergrund überprüft, dessen wichtiger Teil in einer allgemeinen Symboltheorie besteht. Das ermöglicht über anscheinend unpassierbare Schranken hinweg Vergleiche zum Beispiel zwischen den Künsten und den Wissenschaften, dem Verbalen und dem Nonverbalen, dem Affektiven und dem Kognitiven. Weit entfernt davon, echte Unterschiede zwischen solchen angeblichen Gegensätzen zu verdecken, bietet es Mittel an, die Unterschiede zwischen ihnen beim Erkennen ihrer häufig übersehenen gemeinsamen Merkmale und ihrer verwandten Rollen in dem umfassenden Verstehensprozeß herauszufinden.

Wenn man jedes neue Thema berücksichtigt, muß die zugrundeliegende Theorie – oder zumindest ihr relevanter Teil – erneut geprüft werden, nicht nur, weil vom Leser nicht erwartet werden kann, daß er sich an all die bisweilen ziemlich technischen Details erinnert, sondern auch, weil in dem Kontext einer neuen Anwendung für die Theorie selbst eine Revision notwendig werden kann. Eine Untersuchung einer speziellen Frage führt häufig dazu, daß die verwendeten Mittel und Methoden und sogar die Fragestellung überdacht werden. In dieser und in anderen Hinsichten führen unsere spezifischen Studien zu Modifikationen in Theorie, Ansatz und Einstellung; und daher schreibt das Buch selbst den kontinuierlichen Prozeß der Neufassung fort.

Teil Eins bietet einen Überblick über das Stadium, das dieser Prozeß erreicht hatte, als die Arbeit am vorliegenden Buch begann. Teil Zwei berichtet über unsere neuesten, gegenwärtigen Untersuchungen einer breiten Vielfalt von Fällen und Aspekten der Neufassung. Teil Drei stellt die Frage nach den allgemeineren Konsequenzen und dem Zweck von diesem allen und macht, vielleicht etwas voreilig, den Vorschlag, einige der grundlegendsten und am meisten gehegten Begriffe der traditionellen Philosophie zu ersetzen oder zu ergänzen.

Das meiste in diesem Buch ist neu. Frühere Versionen der Kapitel II, III und VII sind in Zeitschriften erschienen, aber von anderen Kapiteln sind jetzt keine Versionen an anderer Stelle zugänglich, obwohl Versionen anderer Kapitel (aber nicht von VIII) zur Veröffentlichung in der einen oder anderen Sprache in verschiedenen Sammlungen vorbereitet werden. Einzelheiten finden sich auf der Seite 219.

Das Buch ist das Ergebnis einer Zusammenarbeit; es wurde von beiden Autoren entwickelt, intensiv diskutiert und voll und ganz gutgeheißen. Die Namen am Ende der Kapitel zeigen lediglich die Hauptverantwortlichkeit dessen an, der diesen Kapiteln Gestalt gegeben hat; sie sind keineswegs im Sinne der ›Dementierbarkeit‹ zu sehen, die jetzt gerade offen diskutiert wird.

Wir sind in viele Gebiete vorgedrungen – Architektur, Musik, Literaturtheorie usw. –, in denen unsere Unkenntnis ohne die großzügige Mitwirkung entgegenkommender Experten eine Behinderung für uns gewesen wäre. In den meisten Fällen findet sich die ausdrückliche Danksagung in den Fußnoten, aber es gibt ohne Zweifel einige bedauernswerte Unterlassungen. Unser aufrichtiger Dank richtet sich an alle – erwähnte und nicht erwähnte –, die geholfen haben.

Abkürzungen für die im Text zitierten Bücher:

Von Nelson Goodman

SA *The Structure of Appearance* (1951), Dordrecht [3]1977.
FFF *Fact, Fiction, and Forecast* (1954), Cambridge, Mass. and London [4]1983; deutsch: *Tatsache, Fiktion, Voraussage*, übersetzt von Hermann Vetter, Frankfurt/Main 1988.
LA *Languages of Art* (1968), Indianapolis and Cambridge [2]1976; deutsch: *Sprachen der Kunst*, übersetzt von Jürgen Schlaeger, Frankfurt/Main 1973.
PP *Problems and Projects*, Indianapolis and New York 1972.
WW *Ways of Worldmaking* (1978), Indianapolis and Cambridge [2]1981; deutsch: *Weisen der Welterzeugung*, übersetzt von Max Looser, Frankfurt/Main 1984.
MM *Of Mind and Other Matters*, Cambridge, Mass. 1984; deutsch: *Vom Denken und anderen Dingen*, übersetzt von Bernd Philippi, Frankfurt/Main 1987.

Von Catherine Z. Elgin

RR *With Reference to Reference*, Indianapolis and Cambridge 1983.

Erster Teil
Überblick

1
Erkennen und Erzeugen

1. Erkenntnisschranken

Die hier zu skizzierende Erkenntnistheorie lehnt Absolutismus wie Nihilismus, sowohl einzigartige Wahrheit als auch Ununterscheidbarkeit von Wahrheit und Falschheit ab. Rekonstruktion zieht sie der Dekonstruktion vor und toleriert weder die noumenale noch die bloß mögliche, noch irgendeine vorgefertigte Welt.

Die Epistemologie suchte einst Gewißheit durch Ableitung aus unbestreitbaren Basisaussagen zu erlangen. Was so abgeleitet werden konnte, und nichts sonst, galt als Erkenntnis. Dies bedeutete klar den Ausschluß von vielem, was irgendeinen Anspruch zu erheben scheint, als Erkenntnis angesehen zu werden. Da nur Sätze der Ableitung unterzogen werden, konnte nichts von der Einsicht, der Information oder dem Verstehen, die von nonverbalen Symbolen übermittelt werden, als Erkenntnis betrachtet werden. Karten, Diagramme, Bilder und Musik konnten dem Erkenntnisprozeß nur als Hilfsmittel dienen, die lediglich von beiläufigem epistemologischen Interesse waren. Darüber hinaus waren traditionsgemäß die einzigen Erkenntnis konstituierenden Aussagen jene, die deduktiv oder induktiv von buchstäblichen Basissätzen abgeleitet werden konnten; daher waren Verstehen und Einsicht, die aus metaphorischen oder anderen figurativen Symbolen gewonnen werden, gleichfalls ausgeschlossen. Und nachdem die Schwierigkeit, ein ›Sollen‹ von einem ›Sein‹ abzuleiten, erst einmal erkannt worden war, gingen evaluative Aussagen auch noch über Bord. Ethische Aussagen konnten nicht als Erkenntnis gelten, ebensowenig

Die Arbeit an diesem Kapitel wurde unterstützt durch ein Stipendium des Research Council der Universität von North Carolina.

wie methodologische Maximen, hypothetische Imperative oder Faustregeln es konnten, ganz gleich, wie gut sie sich in der Praxis behaupteten. Daß Zuschreibungen von Gültigkeit und Fundiertheit zu Ableitungen evaluativ sind, wurde zweckmäßigerweise übersehen.

Die Rechtfertigung für eine derartige Verengung der Reichweite der Epistemologie kam vom Streben nach Gewißheit. Man war davon überzeugt, daß Gewißheit nur innerhalb der angezeigten Grenzen erlangt werden konnte. Der Ausdruck »Wissen« wurde auf die Ansprüche eingeschränkt, die die höchsten epistemischen oder kognitiven Standards erfüllen, und das Feld der Epistemologie auf das Studium solcher Ansprüche und die Standards zu ihrer Beurteilung begrenzt.

Da die meisten von uns sich jetzt dessen bewußt sind, daß Fehler stets möglich sind, ist das Streben nach Gewißheit aufgegeben worden. Keine Sätze sind unstrittig und keine Denkweisen unfehlbar. Trotzdem, die traditionellen Einschränkungen in der Anwendung von »Wissen« und in der Reichweite und den Methoden der Epistemologie sind in hohem Maße beibehalten worden; mit dem Ergebnis, daß kognitiv bedeutsame Verwandtschaften zwischen verbalen und nonverbalen Symbolen, zwischen buchstäblichen und metaphorischen Sätzen, zwischen deskriptiven und normativen Sätzen häufig übersehen worden sind. In der Tat hat der Ausschluß des Evaluativen, des Figurativen und des Nonverbalen aus der Epistemologie ihre kognitiven Aspekte fast verschwinden lassen.

Wir möchten hier eine alternative Epistemologie skizzieren, die mit der Befreiung von diesen Einschränkungen anfängt. Epistemologie, wie wir sie verstehen, umfaßt Verstehen oder Kognition in all ihren Formen – einschließlich Wahrnehmung, Abbildung, Emotion und auch Beschreibung. Und sie untersucht die Möglichkeiten, in denen jede von ihnen die anderen beeinflußt und von ihnen beeinflußt wird.

2. Strukturen von Erfahrung

Der Empirismus behauptet, daß Wissen von Erfahrung abhängt. Diese Behauptung kann, obwohl sie nur zu wahr ist, irreführend sein. Denn sie unterläßt es zu erwähnen, daß die Abhängigkeit beidseitig ist – daß Erfahrung ebenso von Wissen abhängt. Unsere Erwartungen und Überzeugungen hinsichtlich einer Situation berühren den Charakter unserer mit ihr zusammenhängenden Erfahrungen. Sie leiten unsere Nachforschungen und strukturieren unser Wahrnehmungsfeld. Das heißt jedoch nicht, daß unsere Erwartungen stets erfüllt oder unsere Überzeugungen stets bestätigt werden. Das werden sie eindeutig nicht. Denn meist zieht das unsere Aufmerksamkeit auf sich, wodurch eine Hoffnung oder eine Befürchtung zerschlagen oder erfüllt beziehungsweise eine hochfliegende Voraussetzung zerstört wird. Routine bleibt oft unbemerkt. Die unbedeutenden typographischen Fehler, die dem Korrektor ins Auge springen, werden selten von Lesern bemerkt, die sich mit dem Inhalt eines Textes beschäftigen.

Überzeugungen und Erwartungen liefern Kategoriensysteme oder Arten, die strukturieren, was wir wahrnehmen. Und die von ihnen hergestellten Strukturen sind vielfältig (*SA*, 127-149). Ein bestimmtes Hörereignis könnte als ein Geräusch gehört werden, als ein durchdringendes Geräusch, als der Klang einer Trompete, als ein b, als die erste Note der Fanfare, oder in einer von unbeschränkt vielen anderen Weisen. Um das Gehörte als den Klang einer Trompete oder als die erste Note der Fanfare charakterisieren zu können, ist eine Menge Hintergrundwissen erforderlich. Aber jede Charakterisierung beruht auf Hintergrundwissen der einen oder der anderen Art. Selbst um etwas als einen Klang erkennen zu können, muß man wissen, wie man zwischen Klängen und anderen Quellen sinnlicher Stimulation unterscheidet und wie man den hörmäßigen Input in separate Ereignisse segmentiert.

Von Sinneseindrücken wird bisweilen angenommen, daß sie primär gegeben sind. Präsentiert ein Klang nicht eine bestimmte Qualität oder eine Menge von Qualitäten sogar einer Person, die von seiner Quelle oder dem musikalischen Kontext nichts weiß? Die Schwierigkeit einer solchen Redeweise besteht darin, daß weder ein Sinneseindruck noch irgend etwas anderes bereits etikettiert daherkommt. Unsere Sinneseindrücke unterliegen wie alles andere auch einer Vielfalt von Charakterisierungen. Der Bereich verfügbarer Alternativen ist eine Funktion der Begriffssysteme, die wir konstruiert haben und beherrschen. Wenn eine bestimmte Charakterisierung problematisch erscheint, können wir uns häufig auf eine zurückziehen, die es weniger ist. Jemand, der sich fragt, ob das Gehörte korrekt als »die erste Note der Fanfare« charakterisiert wird, könnte ohne Zögern die Charakterisierung »b einer Trompete« akzeptieren. Aber die Rückzugslinie ist nicht vorherbestimmt. Sie hängt davon ab, was im gegebenen Kontext anerkannt und was in Frage gestellt wird. Er könnte ebenso leicht die Angemessenheit des Etiketts »b einer Trompete« bezweifeln, während er die von »die erste Note der Fanfare« anerkennt. Allerdings könnte er auch beide Charakterisierungen akzeptieren, aber unsicher sein, ob seine Erfahrung mit den Klang »hören« oder »vorstellen« korrekt etikettiert wird. Die Beschreibungen und Repräsentationen, auf die man sich berufen kann, wenn über andere gestritten wird, variieren mit den Unterschieden in den Kontextmerkmalen, einschließlich unseres Interesses an der Situation, des Hintergrundes an Übereinstimmung, vor dem der Streit stattfindet, und der begrifflichen Mittel, die uns zur Verfügung stehen. Diese zusammen leiten uns bei der Wahl einer Charakterisierung, die unstrittig genug ist, um eine petitio principii zu vermeiden, und relevant genug, um informativ und brauchbar zu sein. Aber keine ihrer Charakterisierungen ist so grundlegend oder neutral oder ›natürlich‹, daß sie in jedem Kontext informativ, brauchbar und unstrittig wäre.

Die Fähigkeit, etwas zu beschreiben, zu repräsentieren oder zu erkennen, erfordert die Beherrschung eines Kategoriensystems, mit dessen Hilfe ein Gebiet organisiert wird. Eine solche Beherrschung zu erwerben bedeutet zu lernen, welche (verbalen oder nonverbalen) Etikette zu dem System gehören, welche Unterscheidungen innerhalb des Gebiets sie markieren, auf welche Weise solche Unterscheidungen zu erkennen sind. Das b einer Trompete zu hören beinhaltet mehr, als in Hörweite zu sein, wenn ein bestimmtes Geräusch verursacht wird. Es beinhaltet, daß man die Fähigkeit besitzt und trainiert, Klänge aufgrund ihrer Quelle und aufgrund ihrer Tonhöhe zu unterscheiden. Solche Fähigkeiten werden normalerweise erworben, wenn wir lernen, wie man Musik hört (*MM*, 146-150, dt. 209-215).

Das Denken ist also aktiv an der Wahrnehmung beteiligt, wie es das auch an anderen Formen des Erkennens ist. Es zwingt einem Gebiet ebensosehr Ordnung auf, wie es Ordnung in ihm ausfindig macht. Darüber hinaus präsentieren sich uns die Dinge nicht in irgendeinem privilegierten Vokabular oder Kategoriensystem. Wir besitzen eine Vielfalt von Vokabularen und Kategoriensystemen, die unterschiedliche Möglichkeiten bieten, in denen Dinge getreu repräsentiert und beschrieben werden können. Nichts an einem Gebiet favorisiert eine getreue Charakterisierung seiner Gegenstände gegenüber anderen. Um unter ihnen wählen zu können, muß man wissen, wie die verschiedenen Systeme funktionieren.

3. Konstruktion

Wenn wir einen Gegenstand beschreiben, wenden wir ein Etikett auf ihn an. Bezeichnenderweise gehört dieses Etikett zu einer Familie von Alternativen, die gemeinsam die Gegenstände innerhalb eines Gebietes sortieren. Eine solche Familie von Alternativen kann ein *Schema*, und die von ihm sortierten Gegenstände seine *Sphäre* genannt werden. So gehört »b« zu einem Schema, das die Sphäre musikalischer Töne ordnet; und »Elefant« zu einem, das die Sphäre der Tiere ordnet. Ein *System* ist ein auf eine Sphäre angewandtes Schema.

Die Alternativen, aus denen ein Schema besteht, brauchen sich nicht gegenseitig auszuschließen. Das Schema, zu dem »Elefant« gehört, könnte ein Etikett wie etwa »Dickhäuter« einschließen, das in seiner normalen Interpretation auf alles zutrifft, worauf auch »Elefant« zutrifft, und noch auf andere Tiere.

Darüber hinaus ordnet ein Schema eine Sphäre bezeichnenderweise mit Hilfe impliziter Alternativen. Wenn wir einen Ton »b« oder ein Tier Elefant nennen, spezifizieren wir dadurch normalerweise nicht die Interpretation der restlichen Symbole in dem System. Dennoch kann der Bereich von Alternativen zu einer bestimmten Klassifikation wichtig sein, denn ein einzelnes Etikett kann zu mehreren Systemen gehören und in jedem andere Interpretationen erfahren. Einem System zufolge, das ausschließlich mit Hilfe von Primärfarben klassifiziert, wird ein bestimmter Vogel korrekterweise blau genannt. Einem System zufolge, das Indigo und Blau auseinanderhält, muß der Vogel »indigo«, nicht »blau« etikettiert werden. Und einem System zufolge, in dem Indigo eine Nuance von Blau ist, treffen sowohl »indigo« als auch »blau« auf den Vogel zu. Ob es korrekt ist, einen Vogel blau zu nennen, hängt also von den alternativen Farbklassifikationen ab, die zugelassen werden, auch wenn die Alternativen nicht explizit gemacht werden.

Ein Schema braucht nicht ausschließlich mit einer einzigen Sphäre verbunden zu sein. Ein Schema, dessen Etikette »groß« und »klein« einschließen, trifft auf Sphären zu, die aus Leuten, Gebäuden, Bäumen und so weiter bestehen. Und ein aus Zahlwörtern bestehendes Schema trifft auf jede Sphäre zu, deren Gegenstände wir zählen möchten.

Ebenso unterliegt eine einzelne Sphäre alternativen Schematisierungen. Eine aus Büchern bestehende Sphäre könnte zum Beispiel nach der Größe, dem Thema, dem intellektuellen Wert oder dem finanziellen Wert ihrer Elemente organisiert werden. Solche Schemata liefern keine unterschiedlichen Etikette für dieselbe Sammlung von Gegenständen; sie sortieren die Gegenstände in unterschiedliche Sammlungen. Der Größe nach gleiche Bücher unterscheiden sich merklich im Inhalt, im intellektuellen Wert und im Marktwert. Um entscheiden zu können, ob Dinge gleich sind, müssen wir also wissen, welches System im Spiel ist. Ein System integriert einen Ausdruck in ein Netzwerk von Etiketten, das Stücke mit Hilfe der Typen zu erkennender Verschiedenheit organisiert, sortiert oder klassifiziert. Auf diese Weise spiegelt es Ähnlichkeiten wider oder etabliert sie; und Systeme, die die Sache anders entscheiden, können doch eine Sphäre teilen (*LA*, 71-74, dt. 81-83).

Wenn wir so reden, als würden die Gegenstände in einer Sphäre unabhängig von irgendeinem Schema bestimmt, das sie organisiert, haben wir stark vereinfacht. Denn unter den Ausdrücken, deren Interpretation durch ein System fixiert wird, finden sich »ist identisch mit«, »ist dasselbe Ding wie« und ähnliche; und dadurch, daß die Interpretationen dieser Ausdrücke festgelegt werden, bestimmt ein System die Bedingungen für die Individuation der Gegenstände in seiner Sphäre (*WW*, 8, dt. 20 f.).

Individuation wird, wie Quine sagt, festgelegt durch »ein Bündel wechselseitig aufeinander bezogener grammatischer Partikel und Konstruktionen: Pluralbildungen, Pronomen, Zahlwörter, das Identitäts-»ist« und die davon abgeleiteten »derselbe« und »ein anderer«.[1] Er versäumt es zu erwähnen, daß die Interpretationen dieser Partikel und Konstruktionen nicht geleistet werden kann ohne Berücksichtigung der Dingsorte, die sie individuieren. Sie müssen als Teil eines

1 W. V. Quine, »Ontologische Relativität«, *Ontologische Relativität und andere Schriften*, Stuttgart: Reclam 1971, 49.

umfassenderen Systems interpretiert werden, und ihre Interpretation ändert sich, sobald sie in unterschiedliche Systeme eingesetzt werden. Beispiel Sonnenuntergang. Wie wir Identität interpretieren, wie wir entscheiden, ob wir dasselbe Ding sehen wie gestern, hängt davon ab, ob wir uns mit der Identifizierung von Sonnen oder Untergängen beschäftigen. Dieselbe Sonne geht Tag für Tag unter, aber jede Dämmerung bringt einen neuen Untergang. Was für dasselbe Ding gehalten wird, variiert von einer Gegenstandssorte zur anderen. Die Beziehung zwischen Quines Bündel von Partikeln und Konstruktionen und den anderen Ausdrücken des Systems setzt die Bedingungen für die Individuation der Gegenstände seiner Sphäre fest. Und nach unterschiedlichen Interpretationen besteht die Sphäre aus ganz anderen Elementen.

Systeme dürfen nicht mit Sprachen gleichgesetzt werden. Wir haben gesehen, daß Ausdrücke einer einzelnen Sprache in verschiedene Systeme eingesetzt werden können und auf diese Weise an der Sortierung unterschiedlicher Sphären oder an unterschiedlichen Sortierungen derselben Sphäre teilhaben. Außerdem sind nicht alle Systeme sprachlich. Zu den vertrauten nichtsprachlichen Systemen zählen notationale Systeme und repräsentationale (oder pikturale) Systeme. Wenn wir uns die Unterschiede unter diesen Systemen anschauen, fällt die Bedeutung bestimmter syntaktischer und semantischer Merkmale ins Auge.

Ein auffälliger Unterschied zwischen Sprachen und pikturalen Systemen ist dieser: Sprachen haben Alphabete, pikturale Systeme nicht. Folglich werden sprachliche Zeichen, die gleich buchstabiert werden, als syntaktisch äquivalent angesehen. Pikturale Elemente können niemals, wie ähnlich sie sich auch sein mögen, syntaktische Äquivalente darstellen. Denn ohne ein Alphabet haben wir keine Möglichkeit, bei Marken syntaktisch wesentliche und unwesentliche Unterschiede auseinanderzuhalten. Pikturale Systeme besitzen kein Gegenstück zum Buchstabieren. Sprachen sind syntaktisch differenziert, pikturale oder repräsentationale Systeme sind syntaktisch dicht.[2]

Die bedeutenden Unterschiede zwischen Sprachen und Notationen sind nicht syntaktische, sondern semantische. Viele Ausdrücke treffen auf jeden Gegenstand zu. Der Ton der Trompete könnte als »b«, »laut«, »durchdringend« und auch noch auf viele andere Arten beschrieben werden. Aber nur ein Symbol der musikalischen Standardnotation trifft auf den Ton zu. Notationen sind folglich semantisch disjunkt; Sprachen und repräsentationale Systeme sind es nicht. Außerdem lassen Sprachen und repräsentationale Systeme unbegrenzt feine Unterscheidungen zu, Notationen nicht. Der Trompetenton kann »laut«, »sehr laut«, »halb zwischen laut und sehr laut« und so weiter genannt werden. Aber seine Charakterisierung mit Hilfe der musikalischen Standardnotation ist eindeutig; sie läßt keine weiteren Verfeinerungen zu. Semantische Dichte ist also charakteristisch für repräsentationale Systeme; semantische Differenzierung ist charakteristisch für notationale Systeme.

Solche syntaktischen und semantischen Unterschiede sind beachtenswert, denn sie tangieren die Ordnung, die unterschiedliche Arten von Systemen bewerkstelligen können. Repräsentationale Systeme, die syntaktisch und semantisch dicht sind, sehen unbegrenzte Verfeinerung auf Kosten der Bestimmtheit vor. Welche Symbole genau ein Bild ausmachen und welche Elemente genau seine Bezugnahme konstituieren, wird niemals vollständig gelöst. Notationale Systeme, die syntaktisch und semantisch differenziert sind, garantieren Duplizierbarkeit. Der exakte syntaktische Charakter einer jeden Inskription und die eindeutige Klasse, zu der jeder ihrer Gegenstände gehört, lassen sich bestimmen. Eine derartige Bestimmbarkeit hat ihren Preis: Unterschiede unter den Erfüllungsgegenständen (*LA*, 144, dt. 151) eines einzelnen Charakters werden von der Notation nicht erfaßt.

2 Weiteres siehe jedoch Kapitel VIII.

Sprachen sind wie notationale Systeme syntaktisch differenziert und disjunkt. Deshalb kann der syntaktische Charakter jedes sprachlichen Verwendungsfalles festgestellt werden. Dies gestattet Wiederholung von Äußerungen und Replikabildung bei Inskriptionen. Wie repräsentationale Systeme sind Sprachen semantisch dicht und nichtdisjunkt. Die Auswahl einer korrekten Beschreibung kann schwierig sein; denn jeder Gegenstand erfüllt unbegrenzt viele Ausdrücke. Außerdem können wir nicht immer bestimmen, ob ein Gegenstand einen gegebenen Ausdruck erfüllt. Die Fähigkeit zu immer größerer Verfeinerung in der Charakterisierung des Gebiets erschwert die Bestimmung, ob eine bestimmte Charakterisierung korrekt ist (*LA*, 130-154, dt. 138-160).

4. Vorbedingungen

Symbolsysteme sind Artefakte. Ihre syntaktischen und semantischen Merkmale werden nicht von dem Gebiet diktiert, sondern resultieren aus Entscheidungen, die wir darüber treffen, wie das Gebiet zu organisieren ist. Und die von uns konstruierten Systeme legen die Ähnlichkeiten und Unterschiede fest, die wir erkennen können, die Stufen der Präzision, die wir herstellen können, die Grade der Bestimmtheit, die wir erreichen können. Doch zu sagen, daß Symbolsysteme Erfindungen sind, bedeutet keineswegs, daß alles, was wir als ein System ansehen, ein effektives ist beziehungsweise wir es durch bloße Festsetzung zu einem solchen machen können. Und zu sagen, daß alternative Systeme eine Sphäre teilen, bedeutet nicht, daß die Wahl zwischen ihnen willkürlich ist. Erst nach der Untersuchung der relevanten Standards werden wir in der Lage sein, zwischen echten und unechten Systemen zu unterscheiden und die Merkmale unserer Systeme herauszufinden, die den Gebrauch anderer in anderen Kontexten geeignet erscheinen lassen.

Konsistenz stellt eine offensichtliche Vorbedingung für die Adäquatheit jedes Systems dar. Kein akzeptables System kann die gleichzeitige Anwendung von gegenseitig inkonsistenten Etiketten auf einen einzelnen Gegenstand zulassen. Konsistenz läßt sich nicht auf Befehl herstellen; ein System wird nicht dadurch konsistent, daß wir es zu einem solchen erklären. In der Tat bedeutet es harte Arbeit, ein konsistentes System irgendeiner Komplexität zu konstruieren. Da außerdem die Alternativen, die ein Schema konstituieren, typischerweise eher implizit als explizit sind, ist es oft schwierig festzulegen, ob Konsistenz hergestellt worden ist.

Worin besteht dann die Funktion der Konsistenzforderung? Sie sagt, daß wir nur Systeme verwenden sollen, die wir für konsistent halten. Und sie empfiehlt uns, unsere Systeme auf Anzeichen von Inkonsistenz hin zu prüfen. Eine solche Orientierung ist jedoch sekundär. Die zentrale normative Funktion der Konsistenzforderung besteht darin, als ein Standard zu dienen. Sie erteilt die Weisung, daß kein inkonsistentes System akzeptabel ist, daß der Gebrauch eines inkonsistenten Systems einen Irrtum darstellt. Wenn es zu der Zeit, als das System in Gebrauch war, keinen Grund gab, es für inkonsistent zu halten, ist der Irrtum verständlich und vielleicht entschuldbar; aber trotzdem ist es ein Irrtum.

Beim Aufbau eines Systems fangen wir nie ganz von vorne an. Unvermeidlich beginnen wir mit irgendeiner Vorstellung von den Gegenständen in dem Gebiet und mit irgendwelchen Anschauungen von ihnen. Diese leiten unsere Konstruktionen. Unser Ziel bei der Konstruktion eines verbalen Systems besteht darin, ein Gebiet in einer Weise zu organisieren, die uns in die Lage versetzt, immer mehr interessante und genaue Aussagen über es zu formulieren. Wie läßt sich feststellen, ob wir Erfolg haben? Da unsere vorsystematischen Urteile unsere besten Vermutungen über das fragliche Thema darstellen, dienen sie als Prüfsteine zur Beurteilung unserer Konstruktionen. In erster Linie sollten Sätze, die vorher als wahr akzeptiert worden waren, sich als wahr herausstellen, wenn ihre Ausdrücke unserem System zufolge interpretiert werden; und vorher als falsch erachtete Sätze sollten sich als falsch herausstellen. Das System sollte darüber hinaus die Wahrheitswerte von Sätzen festlegen, die vorher zweifelhaft waren (*FFF*, 66, dt. 89).

›In erster Linie‹ ist entscheidend. Wenn unsere vorhergehenden Urteile über Wahrheit und Falschheit in jedem Fall ausschlaggebend wären, könnte Systematisierung unsere Erkenntnisansprüche nur organisieren und erweitern; sie könnte sie nicht korrigieren. Systematisierung wäre ein Mittel zur Erhaltung alter Irrtümer, keine Hilfe zu ihrer Entdeckung und Korrektur. Statt dessen können bei der Konstruktion und Anwendung eines Systems im Interesse der Einfachheit, Gleichförmigkeit, Klarheit oder Konsistenz einige vorher akzeptierte Sätze abgelehnt und einige vorher zurückgewiesene Sätze angenommen werden. Aber solche Modifikationen geschehen schrittweise und programmatisch. Ein Fuß steht fest, während der andere einen Schritt vorwärts macht.

Zu den mehr formalen Zielen der Konstanz und Konsistenz kommen Überlegungen hinzu, die sich auf die Relevanz und den Informationsgehalt unserer Darstellungen richten. Ein wichtiges Erfordernis besteht in der Richtigkeit der Charakterisierung relativ zu einem bestimmten Zweck (*WW*, 127-129, dt. 154-157).

Nehmen Sie zum Beispiel zwei Systeme der Farbklassifikation: S_1 klassifiziert Gegenstände mit Hilfe unserer normalen Farbprädikate; S_2 klassifiziert dieselben Gegenstände mit Hilfe weniger vertrauter. Im einzelnen enthält S_1 die Ausdrücke »blau« und »grün«. S_2 enthält die Ausdrücke »glau« und »brün«, die wie folgt definiert werden

x ist glau $=_{df}$ x ist vor der Zeit t geprüft und grün befunden oder x ist nicht vor der Zeit t geprüft und ist blau,

und

x ist brün $=_{df}$ x ist vor der Zeit t geprüft und blau befunden oder x ist nicht vor der Zeit t geprüft und ist grün.

Diese Definitionen (und entsprechende für andere Farbausdrücke) stellen sicher, daß die Ausdrücke von S_2 ebenso klar und präzise sind wie die von S_1. Wenn wir erkennen können, welche Gegenstände blau und welche Gegenstände grün sind, dann können wir auch erkennen, welche glau und welche brün sind: S_1 und S_2 unterscheiden sich nur in den Gegenständen, die sie der Farbe nach als gleich ansehen. Darüber hinaus ist S_2 in keinem absoluten Sinne weniger grundlegend als S_1. Denn die Ausdrücke von S_2 und S_1 sind durcheinander definierbar. Wenn wir »blau« und »grün« als Grundausdrücke nehmen, werden »glau« und »brün« definiert. Wenn wir dagegen »glau« und »brün« als Grundausdrücke nehmen, werden »blau« und »grün« definiert. Infolgedessen

x ist blau $=_{df}$ x ist vor der Zeit t geprüft und brün befunden oder x ist nicht vor der Zeit t geprüft und ist glau,

und

x ist grün $=_{df}$ x ist vor der Zeit t geprüft und glau befunden oder x ist nicht vor der Zeit t geprüft und ist brün.

Wir haben hier einen klaren Fall zweier Systeme, die einer einzigen Sphäre unterschiedliche Ordnungen auferlegen. Welche sollen wir gebrauchen? Die Antwort hängt eindeutig davon ab, was wir gerade tun. Nehmen wir an, wir haben es mit induktiver Ableitung zu tun – mit allgemeinen Schlußfolgerungen aus begrenzten Belegen. Wenn t eine Zeit in der Zukunft ist, besteht das Problem darin, daß jedes Element einer gegenwärtigen Belegklasse, das »grün« instantiiert, auch »glau« instantiiert. Wenn alle bis heute geprüften Smaragde grün befunden worden sind, sind sie alle glau. Zu welcher Hypothese sollen wir zu ihrer Erhärtung greifen?

H_1: Alle Smaragde sind grün
oder
H_2: Alle Smaragde sind glau.

Die Antwort scheint naheliegend: Der Hypothese H_1 ist der Vorzug zu geben. Und ersichtlich gilt diese Bevorzugung allgemein. Bei der Projektion von bekannten auf unbekannte Fälle sollte »grün« gebraucht werden und nicht »glau«. Die Schwierigkeit besteht darin, zu sagen, wodurch es richtig wird, »grün« zu projizieren, und verkehrt, »glau« zu projizieren.

Einige scheinbar plausible Versuche, unsere Bevorzugung zu rechtfertigen, lassen sich ohne weiteres anfechten. Wir können nicht behaupten, daß unsere augenblickliche Bevorzugung von »grün« gegenüber »glau« auf dem Wissen beruht, daß Smaragde sich in der Zukunft als grün, nicht als blau (und daher nicht als glau) herausstellen werden; denn wir kennen keine Möglichkeit, dies zu wissen. Wir können auch nicht aufrechterhalten, daß »grün« epistemisch grundlegender oder natürlicher als »glau« ist, denn wir haben keine Möglichkeit gefunden, absoluter epistemischer Priorität Sinn zu verleihen. Da »blau« und »grün« und »glau« und »brün« durcheinander definierbar sind, ist die Frage danach, welches Paar grundlegend und welches Paar abgeleitet ist, ganz und gar als Frage danach anzusehen, mit welchem Paar wir den Anfang machen.

5. Richtigkeit von Kategorien

Obwohl diese Fragestellung als zu unwesentlich erscheinen mag, um irgendeine Funktion in der Rechtfertigung unserer Kategorienwahl zu haben, erweist sie sich als erstaunlich belangvoll. Obwohl »grün« und »glau« gleich gut mit dem Beleg übereinstimmen, haben wir uns seit langem daran gewöhnt, »grün« zu projizieren, während die Projektion von

»glau« fast nie vorkommt.[3] Die Projektion von »grün« und vertrauter gleichrangiger Farbprädikate setzt sich über die Einführung neuer Farbprädikakte wie »glau« hinweg. Denn »glau« widerspricht unseren vertrauten Kategorien und würde eine unangenehme Revision unseres praktischen und wissenschaftlichen Vokabulars und unserer sprachlichen und kognitiven Praxis erfordern.

Man könnte meinen, daß die Treue zu verankerten Prädikaten zur Erstarrung führt. Aber die Achtung vor der Verankerung braucht den Gebrauch neuer Prädikate nicht auszuschließen. Vielmehr stellt sie vernünftige Regeln für deren Zulassung auf.

Einige neue Prädikate konkurrieren nicht mit Prädikaten, die fest verankert sind, sondern werden gerade deshalb aufgenommen, weil kein verankertes Prädikat in einem bestimmten Kontext zufriedenstellt. Der Ausdruck »Quark« zum Beispiel wurde eingeführt, um bestimmte subatomare Partikel zu denotieren. Anfänglich hatte »Quark« natürlich keine Projektionsgeschichte und folglich auch keine verdiente Verankerung. Dennoch hatte der Ausdruck von Anfang an ein Maß für die Verankerung – Verankerung, die er von verwandten Ausdrücken wie »subatomare Partikel« ererbt hatte. Diese verwandten Ausdrücke hatten ihre eigenen erfolgreichen Projektionsgeschichten. Bei der Einführung neuer Ausdrücke in eine Sprache, die projektiv gebraucht wird, verfahren wir oft in einer Weise, die die Verankerung von Ausdrücken ausnutzt, die in angemessener Beziehung zu ihnen stehen.

Induktion bietet natürlich keine Garantie. Selbst wenn ihre Kategorien projizierbar sind, kann eine induktive Ableitung von wahren Prämissen zu einer falschen Konklusion führen. Wenn dies vorkommt, müssen normalerweise inadäquate Belege oder das Pech herhalten. Durch die Entdeckung, daß

3 Wir projizieren »grün«, wenn wir es oder einen mit ihm koextensiven Ausdruck auf noch nicht geprüfte Einzelfälle anwenden, und zwar auf der Basis von Einzelfällen, die wir bereits geprüft haben.

entgegen sicherer Voraussagen nicht alle Schwäne weiß sind, wurde die Projizierbarkeit des Ausdrucks »Schwan« oder des Ausdrucks »weiß« nicht angefochten.

Manchmal jedoch führen Induktionen, die bestimmte Kategorien verwenden, regelmäßig von wahren Prämissen zu falschen Konklusionen. Am Ende sind solche Fehlschläge Gründe für die Ansicht, daß die Kategorien, die wir gebraucht haben, verkehrt sind, und daß andere an ihrer Stelle verwendet werden sollten. So bereitet zum Beispiel die Geschichte fehlgeschlagener Newtonscher Voraussagen die Ersetzung klassischer physikalischer Kategorien durch relativistische vor. Die Vermutung zugunsten verankerter Prädikate dauert nur so lange an, wie ihre Projektion induktiv erfolgreich ist. Prädikate, deren Projektion regelmäßig zu falschen Konklusionen führt, sind ungeachtet ihrer Geschichte nicht projizierbar. Die Neigung zugunsten verankerter Kategorien schließt daher begriffliche Innovation nicht aus. Neue Kategorien können in ein erfolgreiches System eingepaßt werden oder ein erfolgloses ersetzen (*FFF*, 84-124, dt. 110-156).

Verankerung reicht jedoch für die Richtigkeit der Kategorisierung nicht aus. Die von uns verwendeten Kategorien müssen auch den vorliegenden Interessen dienen. Und unterschiedliche Kategoriensysteme dienen unterschiedlichen Interessen. Zur Beantwortung der Fragen, die zum Beispiel die Biologie sich stellt, benötigen wir ein System, das Organismen auf physiologischer Grundlage klassifiziert. Daher werden Wale als Säugetiere und nicht als Fische klassifiziert. Entsprechend den Interessen der Biologie sind die physiologischen Ähnlichkeiten von Walen, Kamelen, Backenhörnchen und Waschbären wichtiger als die Unterschiede ihrer natürlichen Lebensräume. In einigen bemerkenswerten Hinsichten sind Wale den Thunfischen sehr ähnlich. Die Frage der Klassifikation hängt von der Bedeutung dieser Hinsichten ab. Die Biologie schreibt ihnen geringe Bedeutung zu und teilt Wale und Thunfische in unterschiedliche Klassen ein. Wenn sich unsere Interessen jedoch darauf richten, die Tiere zu schützen, zu fangen oder zu töten, dann müssen wir wissen, wo sie zu finden sind. Die Frage nach ihrem natürlichen Lebensraum wird dann sehr wesentlich. Dementsprechend machen wir von einem anderen System Gebrauch, einem, das taxonomischen Kategorien zuwiderläuft und Wale und Thunfische als Wassertiere, Backenhörnchen und Kobras als Landtiere klassifiziert.

Richtigkeit der Kategorisierung ist auch nicht immer eine Frage der Verankerung. In phantastischer Dichtung zum Beispiel stellt die Verwendung nichtverankerter Prädikate ein wirkungsvolles literarisches Mittel dar. Richtigkeit besteht in diesem Fall darin, eine neue Organisation einer (realen oder fiktiven) Sphäre herzustellen – eine Organisation, die bislang nicht bemerkte oder häufig übersehene Merkmale hervorhebt und uns vielleicht zwingt, die Angemessenheit und Adäquatheit von Kategorien zu überdenken, an deren Gebrauch wir uns gewöhnt haben.

Richtigkeit der Kategorisierung läßt sich auch noch auf andere Weise erreichen. Bei der Metapher wird ein vertrautes Schema implizit auf eine neue Sphäre oder in einer neuen Weise auf seine alte Sphäre angewandt. Bezeichnenderweise ist das Ergebnis eine neue Organisation der Sphäre, denn das metaphorische Schema ordnet in der Sphäre Gegenstände einander zu, die durch kein buchstäbliches Schema einander zugeordnet werden. Wenn wir zum Beispiel jemanden einen Kaktus nennen, wenden wir daher ein Schema, das buchstäblich genommen Pflanzen sortiert, an, um eine Sortierung von Personen zu bewirken. Wenn die Metapher, was wahrscheinlich ist, keine exakte buchstäbliche Paraphrase besitzt, fängt sie eine Ähnlichkeit zwischen Personen ein, die kein buchstäbliches Prädikat einfängt. Außerdem ermöglicht der metaphorische Gebrauch eines Ausdrucks ein Vergleichen der Gegenstände in ihren buchstäblichen und metaphorischen Extensionen, das uns in die Lage versetzt, Verwandtschaften über die Sphären hinweg zu erkennen (*RR*, 146-

154). Wenn der metaphorische Gebrauch von »Kaktus« einmal angeregt ist, fällt es uns nicht sehr schwer, Personen auszumachen, auf die er zutrifft. Die Metapher versetzt uns in die Lage, uns der organisierenden Kräfte eines Systems zu bedienen und gleichzeitig die Grenzen des Systems zu überschreiten. Etablierte Denkgewohnheiten leiten die Anwendung eines Schemas selbst dann, wenn die Sphäre, auf die es angewandt wird, neu ist. Richtigkeit der metaphorischen Kategorisierung hängt von Faktoren wie diesen ab: ob die durch die metaphorische Anwendung eines Schemas erzielte Ordnung brauchbar, aufschlußreich und informativ ist; und ob die von ihr herausgehobenen Verwandtschaften zwischen den metaphorischen und buchstäblichen Bezugsobjekten ihrer Ausdrücke interessant, bedeutsam oder auf andere Weise treffend sind (*LA*, 74-80, dt. 83-90; *MM*, 71-77, dt. 107-115).

Richtigkeit sprachlicher Kategorisierung bedarf breiterer Erforschung, aber zunächst möchte ich Richtigkeit nonverbaler Symbole untersuchen. Da die fraglichen Symbole keine Sätze sind, kann dies weder Wahrheit, Prädikation noch Induktion beinhalten. Dennoch sind pikturale, musikalische und gestische Symbole und die Systeme, denen sie angehören, Standards der Richtigkeit unterworfen – Standards, die sich nicht so sehr von den für sprachliche Systeme geeigneten Standards unterscheiden.

Wie wir gesehen haben, hängen die relevanten Standards der Richtigkeit manchmal davon ab, was wir von einem System erwarten. Ein notationales System wird zum Beispiel notwendig, um distinkte Stücke als Fälle eines einzelnen Werkes zu erkennen. Dies erfordert, daß jedes semantische Symbol des Systems eine einzige Extension und jeder Erfüllungsgegenstand ein einziges Symbol festlegt. Dann werden zwei beliebige Erfüllungen eines einzelnen Symbols Fälle eines einzelnen Werks sein. Strenge syntaktische und semantische Auflagen sind nötig, um dieses Ergebnis zu erzielen. Die Konstruktion einer Notation unterliegt einer zusätzlichen

Auflage, denn wir möchten nicht, daß die Klasse der Aufführungen, durch die ein Werk definiert wird, willkürlich ist. Wir verfügen über eine Praxis, Elemente der Sphäre als Fälle eines einzelnen Werks zu klassifizieren (zum Beispiel, unterschiedliche Aufführungen als Fälle eines einzelnen musikalischen Werks zu klassifizieren). Und eine adäquate Notation sollte größtenteils diese Praxis widerspiegeln. Treue gegenüber unseren vorhergehenden Urteilen hinsichtlich der Werkidentität wird deshalb von einer Notation verlangt, die zur Definition von Werken geeignet ist. Vorhergehende Urteile über Werkidentität schränken darüber hinaus die Reichweite einer solchen Notation ein. Da Werke der Malerei, der Bildhauerei, der Radierung und ähnliche nicht auf syntaktischer oder semantischer Grundlage identifiziert werden, läßt sich keine Notation konstruieren, um sie zu definieren (*LA*, 127-130, dt. 135-138).

In der Malerei wird der Ausdruck »realistisch« bisweilen gebraucht, um eine Art repräsentationaler Richtigkeit anzuzeigen. Eine geläufige Darstellung derartiger Richtigkeit ist diese: Ein Gemälde ist in dem Maße realistisch, als es die Art und Weise erfaßt, wie sein Sujet aussieht. Seine Richtigkeit ist dann eine Frage der Genauigkeit –, nämlich eine getreue Kopie seines Sujets zu sein. Das Problem besteht darin, daß ein gegebenes Objekt sehr verschieden aussieht, je nachdem, wer es anschaut, von welchem Standpunkt, unter welchen Bedingungen, in welcher Verfassung und so weiter. Und Gemälde, die dieses unterschiedliche Aussehen erfassen, gelten nicht in gleichem Maße als realistisch. Außerdem haben viele Gemälde, die als realistisch angesehen werden, fiktionale Sujets. Ihr Realismus kann nicht in der Treue gegenüber dem bestehen, was sie abbilden, denn sie bilden nichts ab. Realismus scheint eine Frage der Vertrautheit und nicht der Genauigkeit zu sein. Bilder in der gewohnten standardisierten Form der Repräsentation gelten als realistisch, Bilder in unbekanntem Stil nicht. Wenn Realismus eine Art der Richtigkeit ist, liegt der Grund dafür darin, daß wir uns an einen bestimmten repräsentationalen Stil so gewöhnt haben, daß die Interpretation von Werken dieses Stils direkt geschieht (*LA*, 36-39, dt. 47-50). Realismus der Repräsentation ist dann wie die Projizierbarkeit von Prädikaten eine Frage der Gewöhnung.

Es gibt weitere bemerkenswerte Parallelen zwischen dem Realismus und der Projizierbarkeit. Realismus ist ebensowenig statisch wie die Projizierbarkeit. Neue Weisen des Abbildens können als realistisch anerkannt werden, indem man sie in die repräsentationalen Mittel des Standardsystems einfügt und es dadurch erweitert. Außerdem kann ein Stil, der zu einer Zeit als realistisch angesehen wird, anschließend als nichtrealistisch erachtet werden. Mit der Zeit sind seine repräsentationalen Mittel erschöpft. Er stellt nicht mehr so klar und unproblematisch dar, wie er es einmal tat. Das System wird dann durch ein anderes abgelöst, und man sagt, daß eine neue Stufe des Realismus erreicht wurde (*MM*, 126-130, dt. 181-186).

Realistische Repräsentationen sind, wie projizierbare Prädikate, richtig in Kontexten, in denen Übereinstimmung mit geläufiger Praxis der einen oder der anderen Art erstrebenswert ist. Offensichtlich ist eine solche Übereinstimmung nicht immer gefragt. Wie eine Beschreibung mit Hilfe nichtverankerter Prädikate, kann ein Bild in einem untypischen repräsentationalen System erhellend und lohnend sein. Unbekannte Symbolsysteme bieten häufig neue Möglichkeiten an, eine Sphäre zu präsentieren, zu ordnen oder zu organisieren – Möglichkeiten, die Merkmale hervorheben, die das Standardsystem verdeckt oder ignoriert. Die dann erworbene Einsicht kann die durch die Neuheit des Systems verursachte interpretative Schwierigkeit wieder wettmachen. Eine solche Schwierigkeit ist jedenfalls bezeichnenderweise bloß vorübergehend. Denn wir können mit Hilfe neuer repräsentationaler Kategorien sehen und zeichnen lernen, genauso wie wir mit Hilfe neuer Prädikate verstehen und beschreiben lernen können. Und mit zunehmender Beherrschung des Sy-

stems verringern sich die Schwierigkeiten bei der Interpretation.
Beim Erlernen eines Symbolsystems erwerben wir die Fähigkeit, bestimmte Werke als Symbole des Systems zu interpretieren, und die Fähigkeit, andere Dinge mit Hilfe der vom System bereitgestellten Kategorien zu interpretieren und neu zu interpretieren. Daher beinhaltet das Erlernen eines kubistischen Systems nicht nur zu wissen, wie kubistische Werke zu verstehen sind, sondern auch, wie die Kategorien des Systems anderswo anzuwenden sind – wie unsere visuelle Erfahrung in Bilder aufzulösen ist, die aus Linien und Ebenen bestehen, die sich in merkwürdigem Blickwinkel überschneiden und mehrere Gesichter auf einmal präsentieren.

6. Symbol via Probe

Symbolisierung ist nicht immer eine Frage des Beschreibens oder Abbildens. Einige Dinge symbolisieren durch Bezugnahme auf bestimmte ihrer Eigenschaften. Von solchen Dingen sagt man, daß sie die Eigenschaften exemplifizieren, die sie besitzen und auf die sie Bezug nehmen.[4] Zum Beispiel exemplifiziert ein Farbfleck auf einer Musterkarte die eigene Farbe und den eigenen Glanz. Farbe, die zu dem Fleck paßt, braucht ihm nicht in jeder Hinsicht gleich zu sein, sondern muß ihm in Farbe und Glanz gleichen. Da der Farbfleck als ein Symbol funktioniert, bedarf er der Interpretation. Um die von ihm exemplifizierten Eigenschaften zu erkennen, müssen wir das System kennen, zu dem er gehört. Das System zur Interpretation von Farbproben ist standardisiert

4 In einer strikt nominalistischen Darstellung wird die Rede von besessenen Eigenschaften durch die Rede von instantiierten Etiketten ersetzt. Ein Symbol exemplifiziert dann ein Etikett, das es instantiiert und auf das es Bezug nimmt. Für diese Diskussion ist eine solche Strenge vielleicht nicht nötig.

und läßt sich ohne weiteres erlernen. Andere exemplifizierende Symbole bereiten der Interpretation mehr Mühe.
Exemplifikation ist eine wesentliche Form der Symbolisierung in den Künsten. Ein musikalisches Werk könnte einige seiner harmonischen, melodischen und rhythmischen Eigenschaften exemplifizieren, eine Gemälde einige Farbkonfigurationen, Form und Struktur. Um ein Werk verstehen zu können, müssen wir nicht wissen, welche Eigenschaften es gerade besitzt, sondern welche von ihnen es exemplifiziert. Und Differenzen in der Interpretation eines Werkes rühren häufig von Meinungsverschiedenheiten darüber her, welche Eigenschaften exemplifiziert werden (*LA*, 52-67, dt. 62-77).
Exemplifikation ist auch für die Wissenschaften entscheidend. Um etwas als Beleg für oder gegen eine Theorie zu konstruieren, muß es so interpretiert werden, daß es Eigenschaften exemplifiziert, die für die Wahrheit oder Falschheit der Theorie relevant sind. Und um etwas als gültige oder ungültige Argumentation zu konstruieren, muß es als Satzfolge interpretiert werden, die eine logische Form exemplifiziert (*RR*, 87-90).
Insofern als Symbole nur solche Eigenschaften exemplifizieren können, die sie besitzen, könnte es den Anschein haben, als sei der Bereich der Exemplifikation verhältnismäßig eng. Aber dies ist nicht der Fall. Alles, was als Probe dient, funktioniert als ein Symbol, indem es Eigenschaften exemplifiziert, deren Probe es ist. Da ein Gegenstand außerdem auf unbegrenzt viele Weisen beschrieben werden kann, hat er unbegrenzt viele Eigenschaften. In einem geeigneten Kontext könnte er jede von ihnen exemplifizieren. Schließlich ist Exemplifikation nicht auf Eigenschaften beschränkt, die buchstäblich besessen werden. Häufig exemplifizieren Symbole metaphorisch. So könnte ein mathematischer Beweis metaphorisch eine Eigenschaft wie Eleganz exemplifizieren und ein Gemälde eine Eigenschaft wie Prägnanz. Zum Verständnis eines Symbols muß man dann oft wissen, was es

metaphorisch, und auch, was es buchstäblich exemplifiziert.
Insofern unterschiedliche buchstäbliche und metaphorische Systeme eine einzige Sphäre gemeinsam haben, kann ein Symbol einen Bereich von Eigenschaften exemplifizieren, wenn es als ein Element der unterschiedlichen Systeme interpretiert wird, zu denen es gehört. Ein Gemälde kann metaphorisch bittere Armut exemplifizieren, wenn es als Kunstwerk betrachtet wird, und kommenden Wohlstand, wenn es als Geldanlage betrachtet wird.
Ausdruck ist ein spezieller Fall metaphorischer Exemplifikation. Werke drücken nur solche Eigenschaften aus, die sie metaphorisch exemplifizieren, wenn sie als ästhetische Symbole interpretiert werden. Das Gemälde drückt dann bittere Armut, aber nicht kommenden Wohlstand aus. Uneinigkeit darüber, was ein Werk ausdrückt, ist normal. Es ist häufig schwierig, genau zu sagen, welche Eigenschaften ein Werk metaphorisch besitzt, welche dieser Eigenschaften es exemplifiziert und welche der metaphorisch exemplifizierten Eigenschaften für seine Interpretation als ein Kunstwerk relevant sind. Aufgrund der Minderwertigkeit der Materialien und der Arbeitsqualität kann ein Gebäude die Armut der Leute exemplifizieren, die es errichteten; aber das ist etwas ganz anderes als der Ausdruck von Armut in der Gestaltung eines Monuments für einen Heiligen. Die Charakterisierung des Ausdrucks als eines Typs metaphorischer Exemplifikation klärt nicht von selbst die Interpretation bestimmter Werke (*LA*, 85-95, dt. 94-105).
Welchen Standards der Richtigkeit unterliegen exemplifizierende Symbole? Wir wollen zuerst die Güte der Probe bedenken. Bei der Probennahme besteht unser Interesse vermutlich darin, daß eine Probe die Eigenschaften, die sie exemplifiziert, tatsächlich mit der Substanz, von der die Probe genommen wurde, gemeinsam hat. Das durch eine Tapetenprobe exemplifizierte Muster sollte dieselbe Farbe, Größe und Konfiguration haben wie das Muster auf der Tapete, die

sie repräsentiert. Und der Anteil der Schadstoffe in einer Wasserprobe sollte derselbe sein wie der Anteil in dem See, von dem sie gezogen wurde. In einigen Fällen ist Genauigkeit unser Standard für die Güte der Probe – Übereinstimmung in relevanten Eigenschaften zwischen der Probe und der Substanz, von der die Probe genommen wurde. Dies ist das von uns gebrauchte Kriterium, um zu entscheiden, ob ein Stück Tapete eine gute Probe ist. In anderen Fällen hingegen ist ein solches Kriterium nicht anwendbar. Wir studieren die chemische Zusammensetzung unserer Wasserprobe, um etwas über den See in Erfahrung zu bringen. Statt unser Wissen über die Eigenschaften des Sees zur Entscheidung heranzuziehen, ob unsere Probe gut ist, gebrauchen wir die Probe, um herauszufinden, welches die Eigenschaften des Sees sind. Wenn die Probe gut ist, können wir mit Recht folgern, daß die von ihr exemplifizierten Eigenschaften auch von dem übrigen Wasser im See geteilt werden. Aber wie entscheiden wir nun, ob sie gut ist? In Fällen wie diesen erachten wir die Probe als gut, wenn sie gut gezogen wurde – wenn sie, heißt das, in einer Weise gezogen wird, die mit der guten Praxis, Proben dieser Art zu ziehen, übereinstimmt.
Sicherlich garantiert dies nicht, daß die Probe genau ist. Aber wenn wir keine vollständige Kenntnis des Stoffes haben, von dem wir Proben nehmen, kann nichts dies leisten. Unser Problem ist ein Problem der Projektion – der Entscheidung, unter welchen Umständen die durch eine Probe exemplifizierten Eigenschaften auf ein größeres Ganzes beziehungsweise auf andere Proben von diesem Ganzen projiziert werden können. Und genauso wie Übereinstimmung mit induktiver Praxis erforderlich ist, um zu bestimmen, welche Prädikate projizierbar sind, ist Übereinstimmung mit der Praxis der Probennahme erforderlich, um zu bestimmen, welche Proben gut sind. Die Praxis in beiden Bereichen entfaltet sich mit der Zeit in dem Maße, wie wir mehr über das zu untersuchende Gebiet in Erfahrung bringen.
Exemplifikation durch Kunstwerke ist wie Probennehmen

aus dem Meer. Ein Werk ist richtig in dem Maße, wie die von ihm exemplifizierten Merkmale projiziert werden können, um unser Verstehen des Werkes selbst und anderer Aspekte unserer Erfahrung zu verbessern. Erfolgreiche Werke verändern die Wahrnehmung und verwandeln ihre Gegenstände, indem sie uns dazu bewegen, Aspekte, Gegenstände und Ordnungen zu beachten, die wir vorher unterschätzt oder übersehen hatten (*WW*, 133-137, dt. 161-167).

Da Symbole häufig mehrere Eigenschaften gleichzeitig exemplifizieren, kann ein einzelnes Symbol in einigen Hinsichten richtig und in anderen verkehrt sein. Eine schlecht geschnittene Stoffprobe kann ihre Struktur und Webart richtig exemplifizieren, obwohl ihre Exemplifikation des Musters irreführend ist. Ein Gemälde, das Eigenschaften von Farbe und Linie richtig exemplifiziert, könnte historische Eigenschaften verkehrt exemplifizieren. So könnte es sein, daß ein Gemälde ein Produkt aus dem England Edwards VII. ist, aber keine repräsentative Probe von Werken dieser Periode. In diesem Fall exemplifiziert es Eigenschaften, die sich nicht zu Recht auf andere Werke aus der Zeit Edwards VII. projizieren lassen.

Daß ein Symbol einem System gemäß eine repräsentative Probe ist, reicht nicht aus, wenn das System nicht geeignet ist. Andernfalls können die Eigenschaften, die es exemplifiziert, irrelevant sein. Wenn wir uns zum Beispiel mit der Giftigkeit unserer Wasserprobe befassen, müssen wir wissen, welche chemischen Eigenschaften sie exemplifiziert. Daß die Probe eine eigenartig leuchtende Nuance von Grün exemplifiziert, ist solange irrelevant, als diese Tatsache nicht auf irgendeine Weise mit dem Bereich chemischer Eigenschaften, die uns interessieren, in Verbindung gebracht wird. Wenn nicht, dann ist ein System, in dem Farben exemplifiziert werden, im Kontext unserer Untersuchung ungeeignet.

Richtigkeit der Exemplifikation hängt also von einer Vielfalt von Faktoren ab. Diese umfassen die Eigenschaften, die ein

Symbol exemplifiziert, den Bereich von Gegenständen, auf den diese Eigenschaften projiziert werden sollen, und die Geeignetheit des Systems für die Zwecke, zu denen es gebraucht werden soll.

7. Konflikt und Multiplizität

Systeme unterliegen, wie wir gesehen haben, multiplen Standards der Richtigkeit. Bei der Konstruktion eines Systems kommen Erwägungen wie Genauigkeit, Reichweite, Verankerung und Eignung zum Tragen. Die Schwierigkeit ist die: Es kann sein, daß die Standards der Richtigkeit, denen unsere Systeme unserer Meinung nach unterliegen, und die Zielsetzungen, denen sie genügen sollen, sich nicht zusammen verwirklichen lassen. Dann wird ein Urteilsspruch über konkurrierende Ansprüche erforderlich, um zu entscheiden, welche Kombination alles in allem die beste ist.

Wie wir gesehen haben, fordern wir bei der Konstruktion eines deskriptiven Systems, daß die Sätze, die vorher als wahr angesehen wurden, als Wahrheiten des Systems wiederkehren. Aber diese Forderung muß Ausnahmen zulassen. Denn da sie davon abhängt, welche Sätze wir als wahr ansehen, kann sie mit der Forderung in Konflikt geraten, daß ein System keine Inkonsistenzen billigt. Die Ansicht, daß Gemüse kein Fett enthält, und die Ansicht, daß Avocados Fett enthalten, können nicht beide in einem System aufrechterhalten werden, das Avocados als Gemüse klassifiziert. Insofern wir systematisieren, werden die logischen Beziehungen zwischen Sätzen explizit gemacht. Wenn Inkonsistenzen auftreten, muß das System, das wir konstruieren, von unseren vorherigen Auffassungen abweichen. Ein System könnte dann einige der Sätze als Falschheiten interpretieren, die früher für wahr gehalten wurden. Oder es könnte einige der Sätze als figurativ konstruieren, die früher buchstäblich verstanden wurden. Oder es könnte die Grenzen unserer ursprünglichen Kategorien modifizieren, so daß sich der Konflikt unter unseren Auffassungen auflöst. Auf die eine oder andere Weise müssen unsere ursprünglichen Urteile modifiziert werden, um sie in Übereinstimmung zu bringen.

In anderen Fällen kann das Problem in einer Spannung zwischen früher akzeptierten Sätzen und den Zielsetzungen unserer Systematisierung bestehen. Die Klassifikation von Walen als Fische würde mit unseren vorsystematischen Urteilen über das Gebiet übereinstimmen. Sie würde aber auch eine elegante Taxonomie kompliziert machen, die für weitere, vernünftig begründbare Interessen der Biologie entworfen wurde. Die Biologie opfert daher die Auffassung, daß Wale Fische sind, um Einfachheit des Systems zu erreichen.

Die Zielsetzungen und Interessen, die ein System verwirklichen soll, können auch untereinander in Konflikt geraten. Wenn dem so ist, müssen sie modifiziert oder einige von ihnen müssen aufgegeben werden. In der Quantenmechanik stehen wir zum Beispiel vor der Unverträglichkeit der Zielsetzung eines deterministischen Systems mit der Zielsetzung, die Sphäre mit Hilfe ihrer elementarsten Konstituenten zu beschreiben. Wo wir von individuellen Protonen und Elektronen reden, müssen wir uns mit statistischen Verallgemeinerungen zufriedengeben; wo wir deterministisch sprechen, lassen sich individuelle Partikel nicht erwähnen.

Bei der Konstruktion eines Systems suchen wir also eine akzeptable Abstimmung unter konkurrierenden Ansprüchen herzustellen. Sowohl der Charakter als auch die Kriterien für eine akzeptable Lösung hängen von einer Vielzahl von Faktoren ab, unter anderem vom Bereich der vorsystematischen Sätze, die unser System erwartungsgemäß bewahrt, den Zielsetzungen, denen es genügen soll, und der Einordnung des Gebietes (wie wir es augenblicklich verstehen) in die Art von System, die wir konstruieren möchten. Häufig sind alternative Lösungen in gleichem Maße berechtigt.

Pluralismus ist die Folge. Eine Anzahl unabhängig voneinander akzeptabler Systeme läßt sich konstruieren, von denen keines epistemologischen Vorrang beanspruchen kann. In einigen Fällen antworten unterschiedliche Systeme mit einer gemeinsamen Sphäre auf unterschiedliche Interessen. Zum Beispiel ist ein System zur Konstruktion von Straßenkarten ganz anders als ein System zur Konstruktion von Höhenlinienkarten. Die Systeme verwenden andere Symbole, kennzeichnen andere Grenzen, zeigen andere Merkmale des Geländes an und klassifizieren nach unterschiedlichen geographischen Kategorien. Eine Straßenkarte konzentriert sich auf künstliche Merkmale – Straßen, Brücken, Städte; eine Höhenlinienkarte auf topographische Merkmale – Hügel, Täler, Ebenen. Eine Straßenkarte markiert politische Grenzen, eine Höhenlinienkarte Höhenunterschiede. Eine Straßenkarte klassifiziert Städte mit ungefähr derselben Einwohnerzahl als gleich, eine Höhenlinienkarte klassifiziert Stellen mit derselben Distanz über (oder unter) dem Meeresspiegel als gleich. Keiner von beiden läßt sich als Mangel anlasten, daß sie die Information nicht liefern kann, die die andere bietet.

In anderen Fällen stimmen unterschiedliche Systeme konkurrierende Interessen in unterschiedlicher Weise ab. Das eine könnte die Reichweite opfern, um Präzision zu erreichen, ein anderes auf Präzision verzichten, um die Reichweite zu vergrößern. Das eine könnte sperrige Wahrheiten für brauchbare Approximationen eintauschen, ein anderes Nützlichkeit gegen Wahrheit umtauschen. Die Wahl unter ihnen hängt stark davon ab, wozu wir ein System benötigen.

Verschiedene Systeme können unterschiedliche Hilfsmittel anbieten, um ein gemeinsames Problem zu lösen. In einem mathematischen System könnte ein Problem algebraisch gelöst werden, in einem anderen könnte es trigonometrisch gelöst werden. Die Lösungen sind äquivalent. Aber sie werden mit unterschiedlichen Symbolen formuliert, und man erhält sie mit unterschiedlichen Mitteln. Ein Kriterium für die Äquivalenz der Lösung steht jedoch nicht immer zur Verfügung. Dennoch können in mehreren Systemen formulierte Lösungen als adäquat erkannt werden. Ein beständiges Problem der Repräsentation besteht darin, auf welche Weise sich mehr von einer Figur darstellen läßt, als gewöhnlich von einem einzigen Standpunkt aus wahrgenommen werden kann. Unterschiedliche repräsentationale Systeme bieten unterschiedliche Lösungen an. In einem wird die Figur direkt und in Spiegelung gezeigt. In einem anderen wird keine einzelne Figur, sondern vielmehr ein Paar von Figuren repräsentiert, die gewissermaßen Spiegelbilder voneinander sind. In noch einem anderen (etwa einem kubistischen System) werden die Beschränkungen für das, was von einem einzigen Standpunkt aus wahrgenommen werden kann, neu gefaßt. Jedes der Systeme bietet eine wirksame Lösung für das Problem an. Und das Vorhandensein alternativer Lösungen ficht die Adäquatheit irgendeiner von ihnen nicht an.

Unser Wissen über einen Gegenstand wird verbessert, insoweit es uns gelingt, die Weisen zu verstehen, in denen er durch die verschiedenen Systeme charakterisiert wird, denen er angehört. In einem gewissen Sinne ergänzen dann die jeweiligen Systeme einander – und bringen ein tieferes Verstehen des Gegenstandes hervor, als irgendein einzelnes System allein liefert. Bezeichnenderweise läßt sich kein einzelnes globales System konstruieren, das die Beiträge der verschiedenen Systeme zu unserem Verständnis des Gegenstandes umfaßt (*WW*, 109-116, dt. 134-141). Konfligierende, gleich korrekte Darstellungen der Bewegung der Sonne und der Planeten sind offensichtlich möglich, und die Physik wechselt zwischen unverträglichen Wellen- und Korpuskulartheorien. Weiter enthalten die Werke von Jane Austen und die von Karl Marx aufschlußreiche Beschreibungen sozialer Verhältnisse und der Weisen, in denen ökonomische und soziale Faktoren unsere Möglichkeiten beschneiden und unser Leben einschränken. Und beide haben die ungleiche Verteilung der Belohnungen und Belastungen hervorgehoben, die aus der Zugehörigkeit zu unterschiedlichen sozialen Klassen folgt. Aber die Systeme, in die ihre Darstellungen eingebettet sind, verwenden unterschiedliche symbolische Kunstgriffe und machen von unterschiedlichen Kategorien Gebrauch. Die Beschreibungen Austens sind fiktional, ironisch, spezifisch und expressiv. Die von Marx sind sachlich, buchstäblich, allgemein und deskriptiv. Wir können nicht einfach ihre Darstellungen vereinigen, um zu einem besseren Verständnis der sozialen Verhältnisse zu gelangen, denn wir haben keine Möglichkeit, der Vereinigung eine eindeutige Interpretation zu geben.

So läßt sich eine Vielzahl von Symbolsystemen konstruieren, die weder auf eine einzige bevorzugte Basis reduzierbar noch mit ihrer Hilfe zu rechtfertigen sind. Diese Systeme unterliegen außerdem unterschiedlichen Standards, und es gibt keinen neutralen Standpunkt, von dem aus alle bewertet werden können. Daraus folgt jedoch nicht, daß wir Standards ganz nach Belieben formulieren oder ein System so konstruieren können, daß jeder gewünschte Anspruch sich als wahr herausstellt (*WW*, 94-95, dt. 117-119; *MM*, 36-40, dt. 61-65). Berücksichtigung der Konsistenz, der Treue zur vorhergehenden Praxis, der Erfüllung unserer Ziele beim Systematisieren und der Eignung für die vorliegenden Zwecke lassen unterschiedliche Spezifizierungen zu, erhalten unterschiedliche Gewichtungen und werden auf unterschiedliche Weisen bei der Konstruktion unterschiedlicher Symbolsysteme verwirklicht. Aber nichts davon wird durch bloßen Beschluß verwirklicht. Das Eingeständnis, daß es viele Standards der Richtigkeit gibt, läßt daher die Unterscheidung zwischen richtig und verkehrt nicht zusammenbrechen. Wenn überhaupt, verleiht es dieser Unterscheidung größere Bedeutung.

Symbolsysteme sind Artefakte. Ihre Konstruktion und ihre Anwendung unterliegen Vorbedingungen. Die miteinander in Beziehung stehenden Fragen danach, welche Vorbedingungen berechtigt sind, welche Symbolsysteme sich konstruieren lassen, welche Welten sie definieren und welche Arten des Verstehens sie bereitstellen, sind für die Epistemologie wesentlich. (*Elgin*)

Zweiter Teil
Erkundung

II

Wie Bauwerke bedeuten

1. Werke der Architektur

Arthur Schopenhauer reihte die verschiedenen Künste in eine Hierarchie ein, in der die literarischen und dramatischen Künste an der Spitze standen, die Musik in einen eigenen, noch höheren Himmel ragte und die Architektur unter der Last von Balken, Backsteinen und Mörtel zu Boden sank.[1] Das herrschende Prinzip scheint in einem Maßstab für Spiritualität zu bestehen, nach dem die Architektur aufgrund ihrer groben Materialität an unterster Stelle rangiert.

Heutzutage werden solche Rangordnungen nicht mehr so ernst genommen. Traditionelle Ideologien und Mythologien der Künste erfahren gerade eine Dekonstruktion und Diskreditierung; sie machen einem neutralen vergleichenden Studium Platz, das nicht nur sehr vieles über die Beziehungen zwischen den verschiedenen Künsten,[2] sondern auch vieles über die Verwandtschaften und Gegensätze zwischen den Künsten, den Wissenschaften und anderen Weisen, in denen die verschiedenartigsten Symbole am Fortschritt des Verstehens teilhaben, offenlegen kann.

Wenn wir Architektur mit anderen Künsten vergleichen, mag uns Schopenhauer zum Trotz zunächst eine enge Verwandtschaft mit der Musik ins Auge fallen: Im Gegensatz zu

1 Siehe Bryan Magee, *The Philosophy of Schopenhauer*, Oxford: Oxford University Press 1983, 176-178.
Laurie Olin und John Whiteman leisteten wertvolle Hilfe bei der Literatur zur Architektur.

2 Ein neuerer Beitrag ist *Das Laokoon-Projekt*, hg. v. Gunter Gebauer (Stuttgart: J. B. Metzler 1984); siehe insbesondere Gebauers eigenen Essay »Symbolstrukturen und die Grenzen der Kunst. Zu Lessings Kritik der Darstellungsfähigkeit künstlerischer Symbole«, S. 137-165.

Gemälden, Theaterstücken oder Romanen sind Werke der Architektur und der Musik selten beschreibend oder repräsentational. Bis auf einige interessante Ausnahmen denotieren Werke der Architektur nicht – das heißt, weder beschreiben, erzählen, porträtieren noch bilden sie ab. Wenn überhaupt, bedeuten sie auf andere Weise.

Andererseits kontrastiert ein Werk der Architektur mit anderen Kunstwerken der Größe nach. Ein Bauwerk, ein Park, eine Stadt[3] ist nicht nur räumlich und zeitlich größer als eine musikalische Aufführung oder ein Gemälde, sondern auch größer als wir. Wir können es von einem einzigen Standpunkt aus nicht ganz überblicken; wir müssen um es herumgehen und uns in ihm bewegen, um das Ganze zu erfassen. Außerdem ist ein Werk der Architektur normalerweise an einen Ort gebunden. Im Unterschied zu einem Gemälde, das man anders rahmen oder hängen kann, oder einem Konzert, das man in verschiedenen Sälen anhören kann, ist das Werk der Architektur fest in eine natürliche und kulturelle Umgebung eingebunden, die sich nur langsam verändert.

Schließlich hat ein Werk in der Architektur wie nur in wenigen anderen Künsten eine praktische Funktion, etwa für bestimmte Tätigkeiten Schutz zu bieten und sie zu erleichtern, die nicht weniger wichtig ist als seine ästhetische Funktion und über diese oft dominiert. Die Beziehung zwischen diesen beiden Funktionen reicht von wechselseitiger Abhängigkeit über gegenseitige Verstärkung bis zu offenem Zwist und kann höchst komplex sein.

Bevor wir einige Konsequenzen und Probleme überdenken, die sich aus diesen Charakteristika der Architektur ergeben, sollten wir uns fragen, was ein Werk der Baukunst ist. Ersichtlich sind nicht alle Bauwerke auch Kunstwerke, und nicht der Wert macht den Unterschied aus. Die Frage »Was ist Kunst?« darf nicht mit der Frage »Was ist gute Kunst?«

3 Im folgenden gebrauche ich »Bauwerk« normalerweise als Oberbegriff für alle derartigen Fälle.

verwechselt werden, denn die meisten Kunstwerke sind schlecht. Auch hängt, ob etwas ein Kunstwerk ist, nicht von den Intentionen des Herstellers oder irgend jemand anderes ab, sondern vielmehr davon, wie der fragliche Gegenstand funktioniert. Ein Bauwerk ist nur insofern ein Kunstwerk, als es auf irgendeine Weise bezeichnet, bedeutet, Bezug nimmt, symbolisiert. Das mag nicht so selbstverständlich erscheinen, denn die schiere Masse eines Werks der Architektur und seine tägliche Widmung für einen praktischen Zweck überlagern gern seine symbolische Funktion. Darüber hinaus predigen einige formalistische Autoren, reine Kunst müsse von jeglichem Symbolismus frei sein, dürfe bloß an und für sich selbst existieren und betrachtet werden, und jede Bezugnahme über sie hinaus komme praktisch einer Verunreinigung gleich. Diese Behauptung beruht jedoch, wie wir sehen werden, auf einer verkrampften Auffassung von Bezugnahme.

Natürlich ist nicht jede symbolische Funktion ästhetisch. Eine wissenschaftliche Abhandlung bezeichnet ausgiebig, ist dadurch jedoch kein literarisches Kunstwerk; ein Hinweisschild, das gemalt wurde, ist dadurch noch kein Werk der Bildkunst. Und ein Bauwerk kann in einer Weise bedeuten, die nichts damit zu tun hat, daß es ein Werk der Architektur ist – es kann durch Assoziation ein Symbol für ein Heiligtum, für eine Schreckensherrschaft oder für Korruption werden. Ohne im allgemeinen die Merkmale symbolischer Funktion charakterisieren zu wollen, die Kunstwerke auszeichnen, können wir dazu übergehen, einige einschlägige Weisen zu betrachten, wie Werke der Architektur als solche symbolisieren.

2. Weisen der Bedeutung

Ich bin weder Architekt noch Architekturhistoriker oder -kritiker. Mein Vorhaben besteht hier nicht darin, Werke zu beurteilen oder Normen zur Beurteilung aufzustellen oder gar zu sagen, was bestimmte Werke der Architektur bedeuten, sondern vielmehr darin zu erwägen, auf welche Weise solche Werke bedeuten können, wie wir festlegen, was sie bedeuten, wie sie wirken und weshalb das wichtig ist.

Das Vokabular der Bezugnahme und verwandter Ausdrücke ist umfangreich: Innerhalb weniger kurzer Abschnitte aus zwei Aufsätzen zur Architektur können wir von Bauwerken lesen, die anspielen, ausdrücken, evozieren, appellieren, kommentieren, zitieren; die syntaktisch, buchstäblich, metaphorisch, dialektisch sind; die ambig oder sogar kontradiktorisch sind! Alle diese Ausdrücke und noch viele mehr haben in der einen oder anderen Weise mit Bezugnahme zu tun und können uns helfen zu erfassen, was ein Bauwerk bedeutet. Hier möchte ich einige Unterscheidungen und Beziehungen zwischen solchen Ausdrücken skizzieren (*MM*, 51-71, dt. 81-107; *RR*, 141-154). Zunächst lassen sich die Varianten der Bezugnahme unter vier Stichworten zusammenfassen: »Denotation«, »Exemplifikation«, »Ausdruck« und »vermittelte Bezugnahme«.

Denotation schließt Benennung, Prädikation, Erzählung, Beschreibung, Darlegung, ebenso Porträtierung und jede pikturale Repräsentation ein – tatsächlich jegliche Etikettierung, jegliche Anwendung eines Symbols irgendeiner Art auf einen Gegenstand, ein Ereignis oder einen anderen seiner Einzelfälle. »Berlin« und eine bestimmte Postkarte denotieren beide Berlin, ebenso »Stadt«, obwohl dieses Wort auch noch andere Orte denotiert. »Wort« denotiert vieles einschließlich seiner selbst.

Bauwerke sind keine Texte oder Bilder und normalerweise beschreiben sie nicht und bilden nicht ab. Repräsentation kommt jedoch in auffälliger Weise bei einigen Werken der

Architektur vor, insbesondere bei byzantinischen Kirchen mit ihren mosaikverkleideten Innenräumen oder bei romanischen Fassaden, die fast ganz aus Bildhauerei bestehen (siehe Abb. 1). Vielleicht sagen wir in solchen Fällen sogar eher, daß hervorstechende *Teile* des Bauwerks repräsentieren, als daß das Bauwerk selbst oder als Ganzes repräsentiert. An Bauwerken, die selbst abbilden, mögen uns zunächst Läden einfallen, die eine Erdnuß, eine Eistüte oder einen Hot dog repräsentieren; aber nicht alle Fälle sind so trivial. Jørn Utzons Opernhaus in Sydney (1973) ist fast buchstäblich eine Abbildung von Segelbooten, obwohl sein Hauptanliegen die Form ist (siehe Abb. 2). Bei der Ersten Baptisterischen Kirche in Gloucester, Massachusetts, von Arland Dirlam (1964) ist ein traditionelles spitzes Dach so modifiziert und akzentuiert, daß es die Formen von Segelbooten erkennen läßt, wenn wir von Osten kommen; und die Rahmenform des Kirchenschiffs, aus gebogenen Holzbalken gebildet, ist ein Umkehrbild der Gerippe von Fischerbooten, wie man sie oft im nahegelegenen Essex im Bau sehen kann. Die merkwürdigen Türme von Antonio Gaudís Sagrada-Familia-Kirche in Barcelona (Abb. 3) entpuppen sich als aufregende Repräsentationen, wenn wir ein paar Meilen weiter am Montserrat auf die kegelförmig sich verjüngenden Berge stoßen.

Da jedoch nur wenige Werke der Architektur als ganze oder teilweise, direkt oder indirekt abbilden, mußte die Architektur nie das Trauma erfahren, das in der Malerei durch das Aufkommen des modernen Abstraktionismus verursacht wurde. In der Malerei, in der Repräsentation üblich war, hinterließ das Fehlen der Repräsentation bisweilen ein Gefühl des Verlusts und war Anlaß, das Freisein von Bedeutung sowohl bitter zu beklagen als auch verbissen zu verteidigen; wo wir jedoch Repräsentation nicht erwarten, konzentrieren wir uns bereitwillig auf andere Arten der Bezugnahme. Diese sind in der Malerei oder der Literatur nicht weniger wichtig – ihr Vorhandensein ist in der Tat ein Hauptmerkmal zur Unterscheidung literarischer von nicht-

Abbildung 1. Kirche Saint Nicholas,
Civray, Frankreich, 12. Jahrhundert

Abbildung 2. Jørn Utzon, Opernhaus, Sydney, 1973.

literarischen Texten –, sie werden jedoch oft durch unser Interesse für das, was abgebildet, beschrieben oder erzählt wird, etwas verdeckt.

Ob ein Bauwerk etwas repräsentiert oder nicht, es kann bestimmte Eigenschaften exemplifizieren oder zum Ausdruck bringen. Eine solche Bezugnahme verläuft nicht wie die Denotation von einem Symbol zu dem, worauf es als Etikett zutrifft, sondern in umgekehrter Richtung vom Symbol zu bestimmten Etiketten, die auf es oder auf von ihm besessene Eigenschaften zutreffen.[4] Ein alltäglicher Fall ist der eines gelben, karierten Wolltuchs, das als Probe dient. Das Stoffmuster nimmt nicht auf alles Bezug, was es darstellt oder beschreibt oder auf andere Weise denotiert, sondern nur auf seine Eigenschaften gelb, kariert und aus Wolle zu sein, beziehungsweise auf die Wörter »gelb«, »kariert« und »aus Wolle«, die es denotieren. Es exemplifiziert so jedoch nicht alle seine Eigenschaften oder alle Etiketten, die auf es zutreffen, zum Beispiel nicht seine Größe oder Gestalt. Die Dame, die Kleiderstoff ›genauso wie die Probe‹ bestellte, wollte ihn nicht in Stücken von 10 × 10 cm mit Zickzackrand.

Exemplifikation ist eine der Hauptweisen, wie Werke der Architektur bedeuten. In formalistischer Architektur kann sie den Vorrang gegenüber allen anderen Weisen einnehmen. Laut William H. Jordy hat der holländische Architekt Gerrit Rietveld (siehe Abb. 4) »die Architektur in ihre ursprünglichen linearen Elemente (Säulen, Balken und Rahmenelemente für Öffnungen) und Ebenen (Mauervorsprünge) fragmentiert, um den ›Bau‹ des Bauwerks sichtbar zu machen«.[5] Das heißt, das Bauwerk ist so entworfen, daß es auf bestimmte Charakteristika seiner Struktur wirkungsvoll Bezug nimmt. Bei anderen aus Säulen, Balken, Rahmen und Wänden her-

4 Ich spreche hier unterschiedslos von Eigenschaften oder Etiketten, die exemplifiziert werden. Zur Diskussion dieses Sachverhalts siehe *LA*, 54-57, dt. 64-66.

5 William H. Jordy, »Aedicular Modern: The Architecture of Michael Graves«, *New Criterion* 2 (Okt. 1983), 46.

Abbildung 3. Antonio Gaudí,
Sagrada-Familia-Kirche,
Barcelona, 1882-1930.

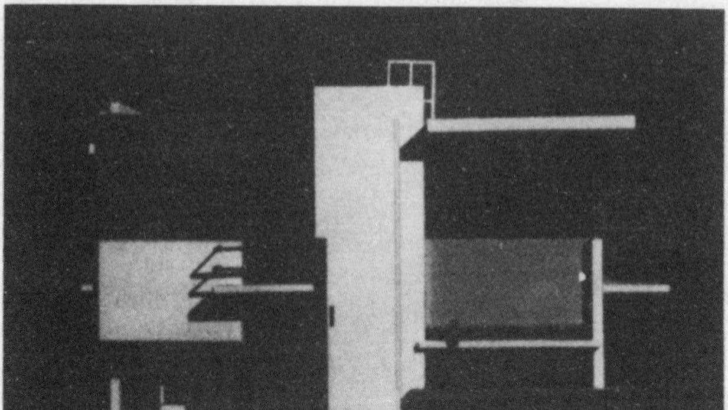

Abbildung 4. Gerrit Rietveld, Haus Schröder (Modell)
Utrecht, 1924.

gestellten Bauwerken wird die Struktur keineswegs auf diese Weise exemplifiziert, weil sie nur praktischen und vielleicht auch anderen symbolischen Funktionen dienen. Exemplifikationen der Struktur können jedoch andere Weisen der Bedeutung begleiten und entweder ihnen gegenüber den Vorrang einnehmen oder ihnen untergeordnet sein. Die Bezugnahme auf die Struktur zum Beispiel ist nicht die primäre symbolische Funktion einer Kirche, kann jedoch eine bemerkenswert unterstützende Rolle spielen. Über die Wallfahrtskirche Vierzehnheiligen bei Bamberg (Abb. 5, 6) schreibt Christian Norberg-Schulz:

> Eine Untersuchung zeigt, daß im Entwurf zwei Systeme miteinander verbunden sind: ein biaxialer Organismus (...) und ein konventionelles lateinisches Kreuz. Da der Mittelpunkt des biaxialen Plans nicht mit der Vierung zusammenfällt, ergibt sich eine außergewöhnlich starke räumliche Rhythmusverschiebung. Über der Vierung, wo traditionsgemäß der Mittelpunkt der Kirche liegen müßte, wird das Gewölbe durch die vier angrenzenden Baldachine aufgezehrt. Der vom Grundriß her bestimmte Raum wird infolgedessen ensprechend dem durch das Gewölbe bestimmten Raum verschoben, und die daraus folgende synkopierte Durchdringung bewirkt eine räumliche Integration, wie sie es so intim in der Geschichte der Architektur nie zuvor gegeben hatte. Dieses dynamische und mehrdeutige System von Haupträumen ist umgeben von einer untergeordneten äußeren Zone, die aus den traditionellen Seitenschiffen der Basilika gebildet wird.[6]

Die Form der Kirche hätte auf viele alternative Weisen ebenso korrekt beschrieben werden können – der Grundriß als ein äußerst komplexes Vieleck und so weiter. Was jedoch, bewirkt durch die größere Vertrautheit von Rechtecken und Kreuzen und durch die lange Vorgeschichte von Basiliken und kreuzförmigen Kirchen, hier zum Vorschein kommt,

6 Christian Norberg-Schulz, *Meaning in Western Architecture*, New York: Praeger 1975, 311; dt. *Vom Sinn des Bauens. Die Architektur des Abendlandes von der Antike bis zur Gegenwart*, Stuttgart: Klett 1979, 163.

was exemplifiziert wird, ist die Struktur, die sich von diesen einfacheren Formen herleitet. Ebenso wirkt das Gewölbe nicht als eine einzige wellige Schale, sondern als glatte, von anderen Formen unterbrochene Form. Die erwähnte Synkopierung und die Dynamik hängen von der Wechselbeziehung nicht der formalen Eigenschaften ab, die das Bauwerk

Abbildung 5. Balthasar Neumann, Kirche Vierzehnheiligen, Bamberg, 1743-1772.

bloß besitzt, sondern der Eigenschaften, die es exemplifiziert.

Nicht alle Eigenschaften (oder Etiketten), auf die ein Bauwerk Bezug nimmt, gehören zu jenen, die es buchstäblich besitzt (oder die buchstäblich auf es zutreffen). Das Gewölbe der Kirche Vierzehnheiligen wird nicht buchstäblich auf-

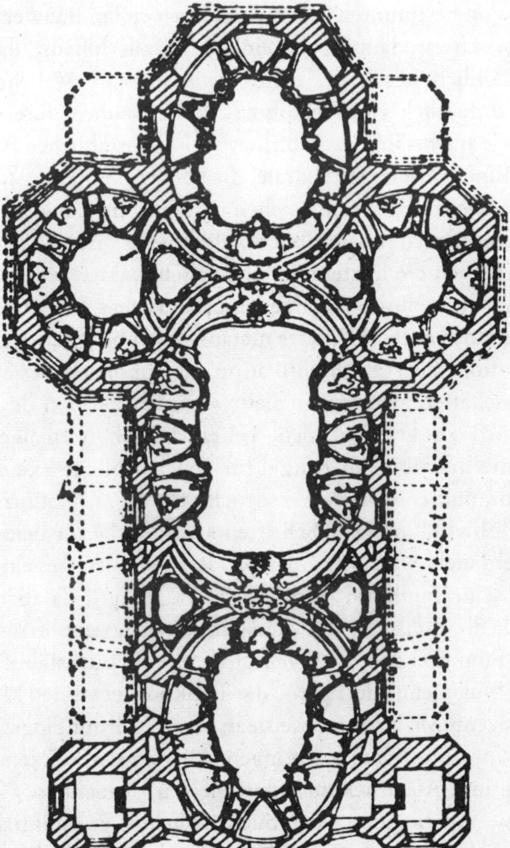

Abbildung 6. Kirche Vierzehnheiligen, Grundriß.

gezehrt; die Räume bewegen sich nicht wirklich; und ihre Organisation ist nicht buchstäblich, sondern vielmehr metaphorisch dynamisch. Und obwohl ein Bauwerk nicht buchstäblich Saxophon spielt und das Schlagzeug bedient, werden einige Gebäude zutreffend als ›jazzig‹ beschrieben. Ein Bauwerk kann Gefühle ausdrücken, die es nicht empfindet, Ideen, die es nicht denken oder äußern, Tätigkeiten, die es nicht ausführen kann. Daß in solchen Fällen die Zuschreibung von bestimmten Eigenschaften zu einem Bauwerk metaphorisch ist, läuft nicht einfach darauf hinaus, daß sie buchstäblich falsch ist, denn metaphorische Wahrheit ist ebenso deutlich von metaphorischer Falschheit unterschieden wie buchstäbliche Wahrheit von buchstäblicher Falschheit. Eine gotische Kathedrale, die hochragt und preist, kann nicht gleichzeitig krumm stehen und murren. Obwohl beide Beschreibungen buchstäblich falsch sind, ist die erstere, nicht jedoch die letztere, metaphorisch wahr.

Bezugnahme durch ein Bauwerk auf Eigenschaften, die es entweder buchstäblich oder metaphorisch besitzt, ist Exemplifikation, aber Exemplifikation metaphorisch besessener Eigenschaften nennen wir meist »Ausdruck«. Um den Unterschied zu kennzeichnen, gebrauche ich normalerweise »Exemplifikation« als Kürzel für »buchstäbliche Exemplifikation« und reserviere »Ausdruck« für die metaphorischen Fälle, obwohl in vielen Schriften »Ausdruck« für beide Arten gebraucht wird. Zum Beispiel lesen wir oft, daß ein Bauwerk seine Funktion ›zum Ausdruck bringt‹; da aber eine Fabrik die Funktion des Herstellens hat, exemplifiziert sie diese Funktion als eine Eigenschaft, die sie buchstäblich besitzt. Nur wenn die Fabrik die Funktion etwa des Marketings exemplifizierte, würde sie in meiner Terminologie diese Funktion zum Ausdruck bringen. Aber zwischen Exemplifikation und Ausdruck zu unterscheiden ist nicht so wichtig wie die Anerkennung der buchstäblichen Exemplifikation als einer bedeutenden Spielart der Bezugnahme, insbesondere in der Architektur. Von einem rein formalen Bauwerk, das weder etwas abbildet noch irgendwelche Gefühle oder Ideen ausdrückt, wird bisweilen angenommen, daß es überhaupt nicht als ein Symbol funktioniert. In Wirklichkeit exemplifiziert es bestimmte seiner Eigenschaften und unterscheidet sich nur so von Bauwerken, die gar keine Kunstwerke sind.

Ich betone die Rolle der Exemplifikation, denn sie wird von Autoren oft übersehen oder sogar bestritten, die darauf bestehen, daß die höchste Tugend eines rein abstrakten Gemäldes oder eines rein formalen Werks der Architektur in ihrem Freisein von jeglicher Bezugnahme auf irgend etwas anderes liegt. Aber ein solches Werk ist kein inaktiver nichtbedeutender Gegenstand, noch nimmt es (wenn überhaupt) nur auf sich selbst Bezug. Wie das Stoffmuster greift es einige seiner Eigenschaften, aber nicht andere, heraus, verweist auf sie, *nimmt auf* sie *Bezug*. Und die meisten dieser exemplifizierten Eigenschaften sind auch Eigenschaften von anderen Dingen, die auf diese Weise mit dem Werk verbunden werden und auf die durch es indirekt Bezug genommen werden kann.

Ein Werk der Architektur kann natürlich einige Eigenschaften buchstäblich exemplifizieren und zugleich andere zum Ausdruck bringen. Über die Fassade von San Miniato al Monte außerhalb von Florenz schreibt Rudolf Arnheim, daß sie »ihren Charakter als ein selbstgenügsamer ... auf die Erde angewiesener Gegenstand ausdrückt; aber sie symbolisiert auch das Ringen des menschlichen Geistes um die Behauptung seiner auf sich konzentrierten Integrität gegen die Einmischung äußerer Kräfte«.[7] In meiner Terminologie *exemplifiziert* die Fassade die erste (buchstäbliche) Eigenschaft, die zweite (metaphorische) *drückt* sie *aus*.

7 Rudolf Arnheim, »The Symbolism of Centric and Linear Composition«, *Perspecta* 20 (1983), 142.

Repräsentation, Exemplifikation und Ausdruck sind elementare Spielarten der Symbolisierung; die Bezugnahme durch ein Bauwerk auf abstruse oder komplizierte Ideen schlägt jedoch manchmal gewundene Pfade ein, nämlich entlang homogener oder heterogener Ketten aus elementaren Bezugsgliedern. Wenn zum Beispiel eine Kirche Segelboote repräsentiert und Segelboote Befreiung von der Erde exemplifizieren, Befreiung von der Erde wiederum Spiritualität exemplifiziert, dann nimmt die Kirche über eine dreigliedrige Kette auf Spiritualität Bezug. Teile eines Bauwerks von Michael Graves können schlußsteinartige oder andere Formen exemplifizieren, die von ägyptischer oder griechischer Architektur abgebildet oder exemplifiziert werden; auf diese Weise nehmen sie indirekt auf solche Bauwerke Bezug und im Wechsel auf Eigenschaften, die diese exemplifizieren und ausdrücken.[8] Solche indirekte oder vermittelte Bezugnahme wird oft als »Anspielung« bezeichnet, so wenn die »Fünf Architekten« in der Weise charakterisiert werden, daß sie »Anspielungen auf den Klassizismus der Antike und der Renaissance« machen und daß sie »von Le Corbusiers geistreicher Einführung von Collage-Anspielungen in seine Bauwerke fasziniert sind«.[9] Und wenn Robert Venturi über den »Widerspruch« in der Architektur schreibt, dann geht er nicht davon aus, daß ein Bauwerk wirklich einen widersprüchlichen Satz äußern kann; vielmehr spricht er davon, daß durch ein Bauwerk Formen exemplifiziert werden, die,

8 Obwohl ein Glied in einer normalen Kette nicht gerichtet ist, kann es sein, daß ein Element in einem Bezugsglied auf ein anderes Bezug nimmt, aber nicht umgekehrt. Wo ein Element dagegen das andere exemplifiziert, verläuft die Bezugnahme in beide Richtungen, denn das exemplifizierte Element denotiert das, wodurch es exemplifiziert wird.

9 Jordy, »Aedicular Modern«, 45. (*Five Architects:* Gruppe von fünf New Yorker Architekten, die 1972 eine programmatische Anthologie mit dem gleichen Titel veröffentlichten. A. d. Ü.)

nebeneinandergestellt, Anlaß zu einander widerstreitenden Erwartungen bieten, weil sie einzeln auch in kontrastierenden Architekturen (zum Beispiel klassischer oder barocker) exemplifiziert werden.[10] Der ›Widerspruch‹ entsteht daher aus indirekter Bezugnahme.

Nicht alle aus Bezugsgliedern gebildeten Ketten leiten die Bezugnahme von einem Ende zum anderen. Der Name des Namens der Rose ist nicht der Name der Rose; und »Gaudís berühmte Kirche in Barcelona« nimmt auf ein bestimmtes Bauwerk Bezug, nicht auf die Berge, auf die das Bauwerk Bezug nimmt. Andererseits kann ein Symbol, das über eine Kette auf etwas Bezug nimmt, direkt auf dasselbe Ding Bezug nehmen; und wo Bezugnahme über eine Kette üblich wird, kommen auch Abkürzungen vor. Wenn zum Beispiel ein Bauwerk auf griechische Tempel anspielt, die ihrerseits klassische Proportionen exemplifizieren, die es selbst nicht besitzt, kann es schließlich diese Proportionen direkt zum Ausdruck bringen. Darüber hinaus beschränkt sich die Bezugnahme durch ein Werk über eine Kette selten auf eine einzige; ein Bauwerk kann dasselbe Bezugsobjekt symbolisch über verschiedene Wege erreichen. Der Leser findet leicht selbst Beispiele hierzu.

Manchmal werden andere Beziehungen, in denen ein Bauwerk stehen kann – zum Beispiel zu seinen Wirkungen oder Ursachen –, als Bezugnahme mißverstanden. Was ein Werk der Architektur bedeutet, kann im allgemeinen weder mit Gedanken, die es anregt, noch mit Gefühlen, die es weckt, noch mit den Umständen, die für seine Existenz oder seinen Entwurf verantwortlich sind, gleichgesetzt werden. Obwohl »Evokation« manchmal beinahe austauschbar mit »Anspielung« und »Ausdruck« gebraucht wird, sollte sie doch von ihnen unterschieden werden; denn wenn einige Werke auch auf Gefühle, die sie evozieren, anspielen oder sie ausdrük-

10 Siehe Robert Venturi, *Complexity and Contradiction in Architecture*, Garden City, N. Y.: Doubleday 1966.

ken, so tun das doch nicht alle. Ein Bauwerk einer früheren Epoche drückt nicht immer die Nostalgie aus, die es evoziert, und ein Wolkenkratzer in einer Stadt Neuenglands nimmt auch nicht immer auf die Wut Bezug, die er erzeugt, wie verbreitet und anhaltend sie auch sein mag. In gleicher Weise müssen Anspielung und jede andere Bezugnahme von Verursachung unterschieden werden. Selbst wenn in einigen Fällen »eine Epoche in ihren Monumenten eingeprägt ist, Architektur [also] nicht wertfrei ist und politische, soziale, ökonomische und kulturelle ›Zweckbestimmungen‹ zum Ausdruck bringt«,[11] nimmt ein Werk der Architektur doch nicht immer auf ökonomische, soziale, psychologische oder andere Faktoren oder Ideen Bezug, die seine Konstruktion veranlaßten oder seinen Entwurf beeinflußten.

Selbst wenn ein Bauwerk bedeutet, braucht das nichts mit seiner Architektur zu tun zu haben. Ein Bauwerk von beliebigem Entwurf kann schließlich für einige seiner Ursachen oder Wirkungen stehen, für ein historisches Ereignis, das in ihm oder auf seinem Gelände stattfand, oder für seinen vorgesehenen Gebrauch; jeder Schlachthof kann Abschlachten und jedes Mausoleum Tod symbolisieren. Und ein kostspieliges Kreisgerichtshaus kann Extravaganz symbolisieren. Auf solche Weise zu bedeuten heißt daher noch nicht, als ein Werk der Architektur zu funktionieren.

4. Architektonisches Urteil

Soviel zu einigen Weisen, in denen Werke der Architektur als solche bedeuten, und zu einigen, in denen sie nicht bedeuten. Aber wann bedeutet ein Werk als solches wirklich? Einige Schriften zur Architektur können den Eindruck erwecken, daß Prosa ein ebenso wichtiger Bestandteil der

11 François Mitterand, zitiert in Julia Trilling, »Architecture as Politics«, *Atlantic Monthly* (Okt. 1983), 35.

Architektur ist wie Stahl, Steine und Zement. Bedeutet ein Werk gerade das, was immer irgend jemand als seine Bedeutung ausgibt, oder besteht ein Unterschied zwischen richtigen und falschen Aussagen darüber, wie und was es bedeutet?

Einer Ansicht zufolge ist korrekte Interpretation eindeutig; es gibt keine Alternativen, und der Test für die Richtigkeit besteht in der Übereinstimmung mit den Intentionen des Künstlers. Offensichtlich sind hierbei drastische Anpassungen erforderlich, um Werken gerecht werden zu können, die die Intentionen des Künstlers nicht zu realisieren vermögen, sie übersteigen oder von ihnen abweichen: Nicht nur der Weg zur Hölle ist mit unerfüllten Vorsätzen gepflastert, auch große Werke stecken oft voller unbeabsichtigter Realisationen. Außerdem sind wir wohl selten völlig außerstande, ein prähistorisches oder anderes Werk zu interpretieren, wo doch praktisch nichts über den Künstler oder seine Intentionen bekannt ist. Der Hauptfehler, den ich in dieser Ansicht finde, liegt jedoch in ihrem Absolutismus und weniger in dem besonderen angeführten Test der Richtigkeit. Ein Kunstwerk bedeutet bezeichnenderweise auf vielfältige, gegensätzliche und wechselhafte Weisen und ist offen für viele gleichermaßen gute und aufschlußreiche Interpretationen.

Das einem solchen Absolutismus entgegengesetzte Extrem ist ein radikaler Relativismus, für den jede Interpretation so richtig oder falsch ist wie jede andere. Alles ist machbar, wenn etwas machbar ist. Alle Interpretationen sind dem Werk äußerlich, und die Aufgabe des Kritikers besteht darin, sie abzustreifen. Ein Werk bedeutet jeweils das, was ihm an Bedeutung zugeschrieben werden kann – mit anderen Worten, es bedeutet überhaupt nicht. Ein Unterschied zwischen Richtigkeit und Falschheit der Interpretation wird nicht anerkannt. So formuliert enthält diese Ansicht offensichtlich eine grobe Vereinfachung. Mehr als jede andere Kunst macht die Architektur uns bewußt, daß sich Interpretation nicht so ohne weiteres von dem Werk unterscheiden läßt. Ein Gemälde kann auf einmal ganz präsentiert werden – obwohl seine Wahrnehmung es mit sich bringt, daß wir die Ergebnisse des Abtastens synthetisieren –, aber ein Bauwerk muß aus einer heterogenen Ansammlung visueller und kinästhetischer Erfahrungen zusammengesetzt werden: Ansichten aus unterschiedlichen Entfernungen und Winkeln, Herumgehen im Innern, Treppensteigen und den Hals verrenken, Fotografien, Miniaturmodelle, Skizzen, Pläne und tatsächliche Nutzung. Eine solche Konstruktion, die das Werk bekannt macht, ist von derselben Art wie eine Interpretation und wird durch unsere Vorstellungen von dem Bauwerk und durch das, was es und seine Teile bedeuten oder als Bedeutung annehmen werden, beeinflußt. Derselbe Altar kann ein zentraler Angelpunkt sein oder eine beiläufige Abweichung. Eine Moschee wird für einen Moslem, einen Christen, einen Atheisten nicht dieselbe Struktur haben. Ein Abstreifen oder Herausreißen *aller* Konstrukte (das heißt, jeglicher Interpretation und Konstruktion) hinterläßt nicht das von jeder Verkrustung gereinigte Werk, sondern vernichtet es (*MM*, 33-36; dt. 56-61).

Der unerschütterliche Dekonstruktivist wird sich davor nicht scheuen. Er wird unanalysierte Werke als Trugbilder abtun und Interpretation nicht als *über* etwas ansehen, sondern als bloßes Geschichtenerzählen. Auf diese Weise ist er von jeder klischeehaften Auffassung des Werkes und von der hindernden und hoffnungslosen Suche nach der einen richtigen Interpretation entbunden. Berauschende Freiheit tritt an die Stelle erdrückender Verbindlichkeit. Doch die Freiheit wird mit Inkonsequenz erkauft. Was auch immer gesagt werden mag, es gilt als richtige Interpretation eines beliebigen Werkes.

Somit weisen sowohl die Ansicht des Absolutisten, daß ein Werk ist und bedeutet, was der Architekt intendierte, als auch die Ansicht des extremen Relativisten, daß ein Werk ist und bedeutet, was immer irgend jemand gerade darüber sagt, gravierende Mängel auf. Eine dritte Ansicht, die man konstruktiven Relativismus nennen könnte, faßt Dekonstruktion als Vorspiel zur *Re*konstruktion auf und besteht darauf, anzuerkennen, daß von den vielen Konstrukten eines Werks einige – sogar einige, die einander widerstreiten – richtig sind, andere hingegen verkehrt. Die Überlegung, was den Unterschied ausmacht, wird somit verbindlich.

Diese Frage ist schwierig; denn ein Werk kann auf viele verschiedene Weisen richtig oder verkehrt sein, und Richtigkeit reicht weit über Wahrheit hinaus, die nur sprachlichen Aussagen zukommt. Offensichtlich ist eine erschöpfende und endgültige Antwort auf diese Frage nicht in Sicht. Nicht nur ist jede Suche nach einem fertigen und schlüssigen Test der Richtigkeit (nach nichts weniger als einem Schlüssel zu allem Wissen!) offenkundig absurd, auch eine glatte und zufriedenstellende Definition steht kaum zu erwarten. Die besondere Festlegung, welche Werke richtig und welche verkehrt sind, liegt ebenso wenig in der Verantwortlichkeit des Philosophen wie die Festlegung, welche Aussagen in einer bestimmten Wissenschaft wahr sind oder welches die Tatsachen des Lebens sind. Diejenigen, die am meisten damit zu tun haben, müssen ihre eigenen Verfahren und ihr Gespür anwenden und beständig entwickeln. Der Philosoph ist kein Experte auf allen Gebieten noch tatsächlich auf einem. Seine Rolle besteht darin, partikulare Urteile und auf ihrer Basis vorgeschlagene allgemeine Prinzipien zu studieren und zu prüfen, auf welche Weise Spannungen zwischen partikularen Urteilen und allgemeinen Prinzipien aufgelöst werden – mal durch Veränderung eines Prinzips, mal durch Austausch eines Urteils. Ich kann hier nur einige Reflexionen über die *Natur* der Richtigkeit und die Faktoren anbieten, die unsere versuchsweisen Entscheidungen darüber tangieren, welche Versionen richtiger sind als andere oder richtigen näherkommen (*WW*, 109-140; dt. 134-170).

Urteile über die Richtigkeit eines Bauwerks als eines Werks der Architektur (darüber, wie gut es als ein Kunstwerk wirkt) werden oft mit Hilfe einer Art guten Passens gegeben – des Passens der Teile zueinander und des Ganzen zu Kontext und Hintergrund. Ein solches Passen wird nicht durch

Abbildung 7. Charles Garnier, Opernhaus,
Avenue de l'Opéra, Paris, 1861-1874

etwas Fixiertes konstituiert, sondern es bildet sich heraus. Im Falle des ›Widerspruchs‹ in der Architektur ließ sich zeigen: Drastische Veränderungen in den Standards des Passens beginnen bei und richten sich gegen einige Begriffe und Vorstellungen, die nur langsam Platz machen. Durch Gewohnheit gefestigte *Verankerung* ist zentral an der Bestimmung der Richtigkeit beteiligt und bildet in der Tat die Basis, die Innovation ermöglicht. In Venturis Worten: »Erst muß Ordnung bestehen, bevor sie durchbrochen werden kann«.[12]
Als ein Beispiel für das Urteil über Richtigkeit mit Hilfe des Passens können Sie Julia Trillings Diskussion des Opernhauses von Charles Garnier in Paris (Abb. 7) nehmen:

Auch Haussmann glückten nicht immer die richtigen Proportionen. Das Opernhaus von Garnier, obwohl in sich selbst unbestreitbar monumental, wirkt eigentlich nicht wie ein Abschluß der Avenue de l'Opéra. Für sein Gelände ist es zu breit, es schießt über die Seiten des Rahmens hinaus, den die die Allee säumenden

12 Venturi, *Complexity and Contradiction in Architecture*, 46.

Bauwerke bilden. Im Falle des Place de la Bastille wäre die korrekte Lage des neuen Opernhauses nicht die festgesetzte auf dem früheren Rangierbahnhof, sondern direkt daneben auf dem Kanal, der Haussmanns Boulevard Richard-Lenoir abschließt.[13]

Hier wird nicht physisches Passen diskutiert; es gibt keine Klagen über blockierten Zugang oder mangelndes Licht oder über das Eindringen in den öffentlichen Raum. Beim fraglichen Passen geht es um das Passen exemplifizierter Formen zueinander und in die durch das Ganze exemplifizierte Form. Deshalb hängt es davon ab, was die Komponenten und das Ganze auf die eine oder andere Weise bezeichnen – in diesem Fall vorwiegend durch Exemplifikation. In anderen Fällen kann das Passen von dem abhängen, was ausgedrückt, denotiert oder auf was über komplexe Ketten Bezug genommen wird. Ich möchte damit jedoch nicht andeuten, daß Richtigkeit immer eine Frage des Passens ist.

Um kurz zusammenzufassen: Ich habe einige der Weisen anzudeuten versucht, in denen Bauwerke bedeuten können, und einige Weisen, in denen ihre Bedeutung an Faktoren beteiligt ist, die unser Urteil über ihr wirkungsvolles Funktionieren als Kunstwerke beeinflussen. Ich habe nicht versucht zu sagen, auf welche Weise sich festlegen läßt, was und wie ein besonderes Bauwerk bedeutet, denn hierzu stehen uns allgemeine Regeln ebensowenig zur Verfügung wie zur Festlegung dessen, was ein Text bedeutet oder eine Zeichnung abbildet; ich habe jedoch versucht, einige Beispiele der Arten der beteiligten Bedeutung anzuführen. Was die weitere Frage angeht, warum es wichtig ist, wie und wann ein Bauwerk bedeutet, meine ich, daß ein Werk der Architektur oder irgendeiner anderen Kunst in dem Maße als solches wirkt, als es in die Art und Weise Eingang findet, wie wir im allgemeinen sehen, fühlen, wahrnehmen, vorstellen und verstehen. Ein Besuch in einer Gemäldeausstellung kann unser Sehen verändern, und an anderer Stelle habe ich den Stand-

13 Trilling, »Architecture as Politics«, 33-34.

punkt vertreten, daß die Vortrefflichkeit eines Kunstwerks eine Frage des Aufschlusses und weniger des Vergnügens ist. Ein Bauwerk verändert unsere Umgebung physisch mehr als andere Werke; aber darüber hinaus kann es als ein Kunstwerk unsere gesamte Erfahrung auf verschiedenen Bedeutungswegen beeinflussen und reorganisieren. Wie andere Kunstwerke auch – und wie wissenschaftliche Theorien – kann es neue Einsichten eröffnen, das Verstehen verbessern und an unserem stetigen Wiedererzeugen einer Welt teilhaben. (*Goodman*)

III

Interpretation und Identität: Kann das Werk die Welt überdauern?

1. Die Welt

Weissagungen über das Ende der Welt haben sich als noch weniger verläßlich erwiesen als die Empfehlungen Ihres Maklers oder Ihre kühnsten Erwartungen. Ob Sie das Ende bang oder begierig erwarten, Sie können sicher sein, daß es nie eintreten wird – nicht, weil die Welt immerwährend, sondern weil sie schon zu Ende ist, wenn sie je wirklich begann. Aber wir brauchen nicht zu klagen, denn die Welt ist wohl wirklich verloren, und mit ihr die stupiden Stereotypen des Absolutismus: die absurden Vorstellungen von Wissenschaft als dem Bemühen, eine einmalige, abgepackte, aber leider Gottes unentdeckbare Realität ausfindig zu machen, und von Wahrheit als der Übereinstimmung mit dieser unzugänglichen Realität. Alle Vorstellungen von reinem Gegebensein und bedingungsloser Notwendigkeit und von einer einzigen korrekten Perspektive und einem einzigen korrekten Kategoriensystem sind ebenso verschwunden.

Wenn es so etwas wie die Welt nicht gibt, worin leben wir dann? Die Antwort könnte lauten »eine Welt«, oder besser noch »mehrere Welten«. Denn zu bestreiten, daß es so etwas wie *die* Welt gibt, heißt so wenig bestreiten, daß es Welten gibt, wie zu bestreiten, daß es *die* Zahl zwischen 2 und 7 gibt, zu bestreiten bedeutet, daß es Zahlen zwischen 2 und 7 gibt. Die Aufgabe, *die* Welt zu beschreiben, ist so sinnlos wie *die* Zahl zwischen 2 und 7 zu beschreiben.

Hilfreiche Hinweise zu einer früheren Fassung dieses Kapitels verdanken wir Susan L. Feagin und Nelson Potter.

Die Welt verschwindet, sobald wir uns ein eigenartiges Merkmal von bestimmten Paaren scheinbar widersprüchlicher Aussagen bewußt machen: Wenn eine von beiden wahr ist, dann sind es beide. Obwohl »Die Erde bewegt sich« und »Die Erde steht still« anscheinend einander widersprechen, sind beide wahr. Aber aus einem Widerspruch folgt jede Aussage. Wenn wir also nicht bereit sind, die Wahrheit jeder Aussage anzuerkennen, muß das Auftreten des Widerspruchs in Fällen wie diesen auf irgendeine Weise verhindert werden.

Warum kann man nicht einfach sagen, daß die konfligierenden Aussagen zu verschiedenen Darstellungen gehören? Gemäß der einen bewegt sich die Erde; gemäß der anderen steht sie still. Dies führt nicht weiter. Denn gemäß einer dritten befindet die Erde sich auf dem Rücken eines Elefanten, der wiederum auf einer Schildkröte steht. Der Unterschied ist natürlich der, daß die letzte Darstellung falsch ist und die beiden ersten wahr sind. Aber dann tritt der Widerspruch wieder auf. In einer wahren Darstellung bewegt sich die Erde. In einer anderen gleichfalls wahren Darstellung steht die Erde still. Da beide Darstellungen wahr sind, ergibt ihre Konjunktion eine Darstellung, gemäß der die Erde sowohl in Bewegung wie nicht in Bewegung ist. Und aus dieser Darstellung folgt jede Aussage.

Der Widerspruch wird auch nicht dadurch aufgelöst, daß man konfligierende Aussagen einfach auf unterschiedliche Bezugsrahmen bezieht. Denn Bezugsrahmen stellen nur Koordinatensysteme dar, innerhalb derer räumliche Beziehungen mathematisch repräsentiert werden. Und die Wahrheit zueinander kontradiktorischer mathematischer Repräsentationen anzuerkennen, ist nicht weniger problematisch, als die Wahrheit zueinander kontradiktorischer sprachlicher Repräsentationen anzuerkennen.

Dies ist die Lösung: Wenn konfligierende Aussagen wahr sind, sind sie in unterschiedlichen Welten wahr. Eine Welt, in der sich die Erde bewegt, ist keine, in der die Erde stillsteht. Außerdem sind solche Welten stark von unseren Darstellungen abhängig. Ein Bezugsrahmen oder ein anderes repräsentationales System ist obligatorisch, um irgend etwas zu repräsentieren. Und Systeme lassen sich viele konstruieren. Der Fehler schleicht sich dann ein, wenn man solche Systeme für Hilfsmittel zur Repräsentation einer vorausgehenden Realität hält. Durch Festlegung der Kategorien, mit deren Hilfe seine Sphäre beschrieben werden soll, legt ein repräsentationales System vielmehr die Sorten von Dingen fest, aus denen seine Welt besteht. Auch können wir nicht die Beiträge der verschiedenen Systeme herauslösen und die gemeinsamen Merkmale, die ihnen zugrundeliegen, herausfinden. Denn alles Version-abhängige herauszulösen bedeutet alles herauszulösen. Obwohl es unbegrenzt viele wahre Beschreibungen der Erdbewegung gibt, gibt es keine absolute Bewegung, die sie alle beschreiben. Der Bewegung (oder irgend etwas anderem) kann kein Sinn verliehen werden außer relativ zu dem einen oder anderen Bezugsrahmen.

Verfehlt ist dann nicht die Relativierung auf ein Repräsentationssystem oder einen Bezugsrahmen, sondern ein einfältiges Verständnis der Leistung einer solchen Relativierung. Wenn alternative Systeme einander widersprechende wahre Beschreibungen auf dasselbe Ding anwenden, mildert der Unterschied zwischen den Systemen nicht den Widerspruch. Aber man kann zu einem anderen Verständnis der Situation kommen. Der offensichtliche Konflikt zwischen wahren Beschreibungen zeigt, daß sie keine Beschreibungen desselben Dinges sind. Die Erde, die wahrheitsgetreu als bewegt beschrieben wird, ist nicht die Erde, die wahrheitsgetreu als stillstehend beschrieben wird. Und die Welt der einen hat für einen Planeten wie der andere keinen Platz. Wenn also beide Beschreibungen wahr sind, sind sie in verschiedenen Welten wahr.

Dann gibt es, wenn überhaupt, viele Welten. Unsere Rede über eine Welt läuft auf die Rede über eine wahre oder richtige Weltversion hinaus. Und wir erzeugen Welten, indem wir richtige Versionen erzeugen. Das Wort »richtig« ist jedoch zu beachten. Für Philosophen wie Rorty, Kuhn und Feyerabend führt der Verlust *der* Welt zu einem Skeptizismus, der an der Unterscheidung zwischen dem, was wahr, und dem, was falsch ist, verzweifelt und jedwede Wissenschaft oder andere Forschung auf eitles Geschwätz reduziert.[1] Für uns führt die Zurückweisung unhaltbarer Vorstellungen von einer vorgefertigten Welt und der durch sie festgelegten Wahrheit dazu, daß die Bedeutung, zwischen richtigen und verkehrten Versionen zu unterscheiden, zunimmt. Wir können Versionen nach Wunsch erzeugen, aber richtige Versionen (also Welten) zu erzeugen, erfordert wie das Erzeugen von Sofas und Soufflés Geschick und Sorgfalt. Denn eine Version wird nicht dadurch richtig, daß wir sie zu einer solchen erklären.

Natürlich läßt sich, wenn die Welt fort ist, Richtigkeit nicht mehr als Übereinstimmung mit der Realität verstehen. Wie sollte Richtigkeit konstruiert werden? Wenn wir auf vertraute Arten der Richtigkeit achtgeben, die von Wahrheit teilweise oder ganz unabhängig sind, finden wir Anhaltspunkte in Fülle. Ein deduktives Argument kann gültig sein, selbst wenn seine Konklusion falsch ist; denn aus falschen Prämissen läßt sich eine falsche Konklusion gültig ableiten. Ein induktives Argument kann gültig sein, selbst wenn seine Prämissen wahr sind und seine Konklusion falsch; denn in-

1 Vgl. Richard Rorty, *Philosophy and the Mirror of Nature*, Princeton: Princeton University Press 1979, dt. *Der Spiegel der Natur*, Frankfurt/M.: Suhrkamp 1981; Thomas Kuhn, *The Structure of Scientific Revolutions*, Chicago: University of Chicago Press 1970, dt. *Die Struktur wissenschaftlicher Revolutionen*, Frankfurt/M.: Suhrkamp 1973; Paul Feyerabend, »Against Method: Outline of an Anarchistic Theory of Knowledge«, in *Analysis of Theories and Methods in Physics and Psychology, Minnesota Studies in the Philosophy of Science IV*, ed. Michael Radner and Stephen Winokur, Minneapolis: University of Minnesota Press 1970, dt. *Wider den Methodenzwang. Entwurf einer anarchistischen Erkenntnistheorie*, Frankfurt/M.: Suhrkamp 1983.

duktive Gültigkeit ist kein Schutz gegen unwahrscheinliche Vorkommnisse. Eine Probe kann gut sein, selbst wenn sie nicht exakt zeigt, wovon sie eine Probe gibt; denn eine gute Probe ist eine, die gut genommen wurde, und einer ungleichmäßig verteilten Population können Merkmale fehlen, die durch ihre gut genommenen Proben exemplifiziert werden. Kategorien können richtig oder verkehrt sein, auch wenn sie, weil sie keine Sätze sind, weder wahr noch falsch sind. Weil ihm befohlen worden war, auf alles zu schießen, was sich bewegt, erschoß der Wachmann alle Gefangenen und behauptete, daß sie sich alle schnell um die Sonne bewegten. Obwohl wahr, war seine Behauptung eindeutig verkehrt, denn sie enthielt eine ungeeignete Bewegungskategorie. Ein wahrer Satz kann auf diese Weise durch den Gebrauch ungeeigneter Kategorien verkehrt und ein falscher durch den Gebrauch geeigneter Kategorien teilweise richtig sein. Ausgehend von solchen Beobachtungen können wir versuchen, eine brauchbare Auffassung von Richtigkeit zu entwickeln.

Kategoriensysteme, Techniken des Probennehmens und Argumentformen sind Erfindungen des Menschen. Sie sind Ergebnisse sorgfältiger, kontinuierlicher kognitiver Aktivität. Und die verschiedenen Arten der Richtigkeit, denen unsere Aussagen, Proben und anderen Symbole unterworfen sind, hängen von den Symbolsystemen ab, die zu ersinnen uns gelungen ist.

Sobald wir anerkennen, daß Wissenschaft über eine Welt nicht passiv informiert, sondern sie aktiv formt – daß eine Welt in der Tat ein Artefakt ist –, werden uns wichtige, aber oft übersehene Verwandtschaften zwischen Kunst, Wissenschaft, Wahrnehmung und der Gestaltung unserer Alltagswelten schmerzlich bewußt. Die Philosophien über diese Gegenstände werden als Aspekte einer allgemeinen Theorie des Verstehens angesehen. Wir werden dann dazu angeregt, eine vergleichende Studie darüber anzustellen, wie die verschiedenartigen Versionen erzeugt werden und wie sie funktionieren – zum Beispiel die Arten von Symbolen und Symbolsystemen und die Wege der daran beteiligten Bezugnahme zu untersuchen (*RR*, 97-126).

Die Multiplizität der Welten, ihre Abhängigkeit von Symbolsystemen, die wir konstruieren, die Vielfalt an Standards der Richtigkeit, denen unsere Konstruktionen unterworfen sind – dies sind Kernthesen von *Ways of Worldmaking* und *Of Mind and Other Matters.* Wir sind hier nicht in erster Linie daran interessiert, diese Thesen auszubauen oder zu verteidigen. Statt dessen möchten wir darüber nachdenken, wie sich ein solcher Pluralismus auf die Interpretation literarischer Werke auswirkt.

2. Die richtige Interpretation

Die Folgerung, daß es, wenn überhaupt, viele Welten gibt, wird durch die Entdeckung von Beschreibungen und Repräsentationen begünstigt, die getrennt zwar adäquat, jedoch unvereinbar sind. Die Welt erliegt dem Konflikt zwischen richtigen Versionen. *Zeigt die Existenz einzeln adäquater, aber unvereinbarer Interpretationen eines Textes dieselbe Wirkung?* Müssen wir folgern, daß mit einem einzigen Text, wenn überhaupt, viele Werke verknüpft sind? Erliegt zum Beispiel die Einheit des *Ulysses* dem Konflikt zwischen richtigen Interpretationen?

Pluralismus in Sachen Literatur scheint plausibler zu sein als Pluralismus in Sachen Realität. Die These, daß verschiedene Interpretationen verschiedene Werke definieren, sieht bei weitem weniger fragwürdig aus als die These, daß verschiedene Versionen verschiedene Welten definieren. Daher erscheint es unwahrscheinlich, daß jemand vor der ersteren zurückschreckt, der von der letzteren überzeugt ist. Alternativ dazu könnte die Überzeugung, daß ein einzelner Text verschiedenen Interpretationen unterliegt, in Analogie die Schlußfolgerung stützen, daß eine einzelne Welt verschiedenen Versionen unterliegt.[2] Doch gibt es gewichtige Unterschiede zwischen den beiden Fällen, die es verdienen untersucht zu werden. Sie führen zu der überraschenden Folgerung, daß unsere Gründe für den Pluralismus in Sachen Welten sich nicht auf einen gleichgelagerten Pluralismus in Sachen Werke ausdehnen. In einem Sinne ist natürlich metaphysischer Pluralismus die Garantie für literarischen Pluralismus. Denn literarische Werke sind Bewohner von Welten. Wenn es also viele Welten gibt, in denen *Ulysses* existiert, stellt *Ulysses* automatisch viele verschiedene Werke dar. Aber dieses Problem interessiert uns hier nicht. Unsere Fragestellung lautet, ob das Vorhandensein einer Vielzahl richtiger Interpretationen *von* einem einzelnen Text *in* einer einzelnen Welt eine Vielzahl von Werken entstehen läßt, die mit diesem Text verknüpft sind.

Die Kontroverse unter Literaturtheoretikern richtet sich hauptsächlich darauf, ob ein Werk viele richtige Interpretationen hat oder nur eine, ob sich richtige Interpretationen von verkehrten unterscheiden lassen und – wenn es viele gleich gute Interpretationen gibt – was, wenn überhaupt etwas, die Identität des Kunstwerks konstituiert.

Wie immer ein Werk identifiziert wird, soviel ist klar: Die verschiedenen fraglichen Interpretationen sind Interpretationen eines einzigen Textes. Und daß sich der Text syntaktisch identifizieren läßt ohne Berufung auf irgendeine der semantischen oder literarischen Interpretationen, die er stützt. Aber es gibt keine Möglichkeit, eine Welt zu individuieren, außer mit Hilfe einer Version; von daher auch keine Möglichkeit, einen gemeinsamen Gegenstand zu identifizieren, auf den die konfligierenden Versionen Bezug nehmen (*WW*, 109-114, dt. 134-141; *MM*, 33-34, dt. 56-58). Wir können der Behauptung, daß konfligierende Interpretationen es mit demselben Text zu tun haben, Sinn verleihen, aber

2 Vgl. Alexander Nehamas, »Immanent and Transcendent Perspectivism in Nietzsche«, *Nietzsche Studien* 11 (1983), 487-488.

nicht der Behauptung, daß konfligierende Versionen es mit derselben Welt zu tun haben. Aber die Frage bleibt: Soll ein Werk mit dem Text oder mit einer Interpretation von ihm identifiziert werden? Ist *Ulysses* sein Text oder gibt es so viele Werke, wie es richtige Interpretationen dieses Textes gibt?

Die Frage braucht uns nicht zu beunruhigen, wenn es nur eine richtige Interpretation von jedem Text gibt; denn dann läßt sich das Werk unterschiedslos mit dem Text oder mit der richtigen Interpretation identifizieren – es gibt nur den einen Text, die eine richtige Interpretation, das eine Werk. Daß ein Text eine einzige richtige Interpretation hat, die durch die Intentionen des Autors bestimmt wird und sich in völligem Einklang mit ihnen befindet, ist wie der absolute Realismus die populärste Ansicht gewesen und ist es vielleicht immer noch. Aber wie der absolute Realismus auch ist sie nicht haltbar. Selbst wenn man die Intentionen eines Autors in einem gewissen Ausmaß herausfinden kann, bestimmen sie nicht die Korrektheit der Interpretation; denn die Bedeutsamkeit eines Werkes weicht oft von dem ab, was der Autor vorhatte, sie kann darüber hinausgehen oder es verfehlen. Wo Information über die Intentionen des Autors zur Verfügung steht, kann sie Interpretationen seines Werkes anregen. Aber das Gewicht einer solchen Information ändert sich von einem Werk zum nächsten. Denn nicht immer verwirklichen Werke die Intentionen ihrer Autoren. Und selbst wenn sie es tun, ist die Verwirklichung dieser Intentionen nicht immer für die Wirksamkeit oder gar die Identität eines literarischen Werkes zentral. Ein Werk zu verstehen, kann etwas ganz anderes sein als zu verstehen, was der Autor mit ihm beabsichtigte.

Ob die Intention des Autors eine Interpretation liefert oder nicht, sie liefert gewiß nicht *die* Interpretation eines Textes. Denn literarische Texte sind offen für eine Vielzahl von Interpretationen. Multiplizität der Bedeutung, subtile und komplexe Ambiguität ist häufig ein positives und unerläßliches Merkmal des literarischen Diskurses im Gegensatz zum wissenschaftlichen. Wir werten *Ulysses*, oder auch *Ozymandias*, ab, wenn wir unterstellen, daß er sich nur auf eine Weise korrekt konstruieren läßt.

Auf diese Weise sind wir wieder bei der Frage angelangt, ob das Werk mit dem Text oder mit einer richtigen Interpretation gleichgesetzt werden soll. Wenn das letztere der Fall ist, dann werden aus *Ulysses* viele verschiedene Werke, wobei der Interpret für das Werk zumindest ebenso verantwortlich ist wie der Autor. Der passionierte Pluralist und resolute Relativist mag dies begrüßen mit dem Argument, daß entgegengesetzte Interpretationen genausowenig für dasselbe Werk gelten können wie entgegengesetzte Versionen für dieselbe Welt gelten können und daß die Auflösung des Werks in Werke nach der Auflösung der Welt in Welten kaum noch schockierend wirken kann.

Hier aber sollten wir einhalten. Erstens vernachlässigt die Analogie zwischen Werken und Welten einen wichtigen Unterschied, den wir bereits festgehalten haben: Konfligierende Versionen können zwar nicht dieselbe Welt beschreiben, konfligierende Interpretationen dagegen können denselben Text interpretieren. Im Gegensatz zur Welt löst der Text sich nicht infolge entgegengesetzter Interpretationen auf. Unabhängig davon, wo die Identität eines literarischen Werkes angesiedelt wird, unterscheidet sich darüber hinaus der Widerspruch zwischen Interpretationen bedeutend vom Widerspruch zwischen Versionen. Entgegengesetzte Interpretationen beziehen sich auf einen einzigen Text, während entgegengesetzte Versionen keine gemeinsame Grundlage haben. Dementsprechend ist nichts damit gewonnen, wenn man konfligierende Interpretationen unterschiedlichen Werken zuschreibt, so wie wir konfligierende Versionen unterschiedlichen Welten zuschreiben. Denn die Frage, wie sich korrekte, aber konfligierende Interpretationen auf einen einzigen Text beziehen können, ist nicht weniger problematisch als die Frage, wie sie sich auf ein einzelnes Werk beziehen können.

Wenn zweitens jede richtige Interpretation als ein distinktes Werk gilt, was macht dann den Unterschied aus zwischen Interpretationen, die im allgemeinen Sprachgebrauch Interpretationen desselben Werks und jenen, die Interpretationen verschiedener Werke sind? Gehört eine Interpretation des *Ulysses* mit einer anderen Interpretation des *Ulysses* nicht eher zu demselben Werk, als sie als eine Interpretation des *Ozymandias* zu demselben Werk gehört? Daß die beiden ersten Interpretationen desselben Textes darstellen, macht den Unterschied aus.

Drittens scheint vieles von der reichen Multiplizität der Bedeutung, die für viele literarische Werke charakteristisch ist, nicht in irgendeiner einzelnen Interpretation, sondern gerade in der Multiplizität richtiger Interpretationen zu liegen, und dieses Merkmal wird nicht erfaßt, wenn jede Interpretation so verstanden wird, daß sie ein gesondertes Werk konstituiert. Aber vielleicht läßt sich das Werk als eine Sammlung aller richtigen Interpretationen des Textes ansehen? In diesem Falle stehen Werke und Texte in einer Eins-zu-eins-Beziehung zueinander, und das Werk kann wahlweise mit dem Text gleichgesetzt werden. Da es außerdem sein kann, daß sich die Ansammlung richtiger Interpretationen eines Textes nicht abzählen läßt und stets anwächst, läßt sich das Werk nicht durch Gleichsetzung mit der ganzen Ansammlung, sondern nur durch Gleichsetzung mit dem Text identifizieren. Im Gegensatz zu ›der Welt‹ (die hinter unseren verschiedenen Versionen verschwindet) ist der Text zumindest ebenso greifbar und zugänglich wie irgendeine Interpretation. Verschiedene Interpretationen werden durch den Text, den sie interpretieren, zusammengehalten; und dieser Text bleibt von Streitigkeiten zwischen ihnen und Veränderungen in ihnen unberührt.

3. Der Text

Aber kann der Text tatsächlich der Bedeutung gerecht werden? Was ist ein Text? Lassen sich Texte stets ohne weiteres unterscheiden und identifizieren? Und gibt es stets nur ein Werk zu jedem Text und einen Text zu jedem Werk?

Die Frage, ob es mehr als einen Text zu einem einzigen Werk geben kann, stellt sich ganz deutlich bei Übersetzungen. Wenn eine Übersetzung aus dem Englischen ins Französische Werkidentität wahrt, dann hat dieses Werk mehr als einen Text. Offenkundig bewahrt keine Übersetzung alles, was im Original wesentlich ist. Selbst wenn die beiden koextensiv sind und genau dieselben Ereignisse in größtmöglicher Annäherung auf dieselbe Weise berichten, unterscheiden sie sich geringfügig in ihrer Bedeutung. Denn ihre sekundären Extensionen – die Extensionen von Zusammensetzungen der Texte und von entsprechenden Teilen von ihnen (*PP*, 221-230) – werden nicht dieselben sein. Unausweichlich unterscheiden sie sich darüber hinaus normalerweise merklich in dem, was sie exemplifizieren und zum Ausdruck bringen (*LA*, 45-89, dt. 55-99). In der Tat muß der Übersetzer eines Gedichtes bezeichnenderweise über die relative Wichtigkeit dessen, was bewahrt wird, entscheiden: Denotation (was das Gedicht sagt), Exemplifikation (welche rhythmischen, melodischen und anderen formalen Eigenschaften es vorführt) und Ausdruck (welche Gefühle und anderen metaphorischen Eigenschaften es übermittelt).

Sollen wir im Hinblick darauf selbst die besten Übersetzungen eines gegebenen Werks als unterschiedliche Werke ansehen? Nicht zu vorschnell, denn wir müssen uns vor Augen halten, daß sich richtige Interpretationen genauso drastisch voneinander unterscheiden können wie gute Übersetzungen. Wir fanden Gründe dafür, unterschiedliche Interpretationen als Interpretationen *von* demselben Werk aufzufassen, und wir könnten gute Übersetzungen im Verein mit richtigen Interpretationen als zu einer Sammlung gehörig ansehen, die durch das Werk festgelegt wird. Was sie als *von* dem Werk handelnd zusammenbringt, ist die Tatsache, daß sie den Originaltext übersetzen oder interpretieren. Und die Identität des Werkes beruht auf diesem Text.

Interpretationen und Übersetzungen sind selbst Werke. Aber sie sind nicht mit den Werken identisch, die sie interpretieren oder übersetzen. Weder Harry Levins kritische Studie *The Question of Hamlet* noch August von Schlegels deutsche Übersetzung des Stückes ist das Werk *Hamlet*. Sie sind distinkte Werke, deren Texte sich vom Text des *Hamlet* unterscheiden und deren Richtigkeit (unter anderem) von dem Zugang, den sie zu dem Stück gewähren, abhängt und von dem Verstehen, das sich aus ihnen für es ergibt. Darüber hinaus unterliegen die Texte, die Levins und Schlegels Werke konstituieren, ihrerseits der Interpretation und Übersetzung.

Es gibt zwar nur einen Text zu jedem Werk, aber gibt es auch nur ein Werk zu jedem Text? Um dies beantworten zu können, müssen wir uns zunächst darüber klar werden, was die *Identität eines Textes* konstituiert. Daß Identität einzig der Syntax einer Sprache zuzurechnen ist – den zulässigen Konfigurationen aus Buchstaben, Zwischenräumen und Satzzeichen – ganz losgelöst von dem, was der Text sagt oder worauf er auf andere Weise Bezug nimmt.

Texte können natürlich beliebig lang sein, und aus praktischen Gründen werden wir uns auf Beispiele konzentrieren, die sehr kurz sind. Nehmen Sie das Wort »cape«.* Es nimmt auf mehrdeutige Weise Bezug – manchmal auf ein Kleidungsstück, manchmal auf eine Landmasse. Aber normalerweise bezieht es sich nicht auf alles, was immer entweder ein solches Kleidungsstück oder eine solche Landmasse ist. Obwohl mehrdeutig, ist »cape« ein einzelnes Wort. Inskriptionen, die auf Landmassen Bezug nehmen, werden genauso

* Ich behalte im folgenden die Beispielwörter Goodmans bei. »Cape« bedeutet im Englischen »Umhang« und »Kap«. Ihm würde am ehesten »Stiefel« entsprechen, das »Italien« und »Schuhwerk« bedeutet. A. d. Ü.

buchstabiert wie Inskriptionen, die auf Überkleidung Bezug nehmen. Außerdem lassen sie sich mit genau denselben zusätzlichen Charakteren kombinieren, um syntaktisch signifikante Ketten zu bilden. In dem Wort »cape« haben wir also einen einzelnen kurzen Text. Seine Ambiguität macht es zwei korrekten buchstäblichen Interpretationen zugänglich.

Aber beachten Sie nun ein weiteres, ebenfalls kurzes Beispiel: »chat«. Auch dieses hat zwei alternative Anwendungen: auf Konversationen und auf Katzen. Dieses Doppelspiel mag auf den ersten Blick der Textidentität nicht abträglicher erscheinen als die Ambiguität von »cape«. Aber dieser Fall liegt anders; denn »chat« ist nicht einmal dasselbe Wort im Französischen wie im Englischen. Der Unterschied in der Aussprache ist kein vernachlässigbares Merkmal; denn ein Wort hat als Einzelfälle oder Replikas nicht nur geschriebene und gedruckte Inskriptionen, sondern auch gesprochene Äußerungen. Und französische Äußerungen von »chat« sind mit seinen englischen Äußerungen syntaktisch nicht austauschbar. »Chat« besteht also im Englischen und im Französischen nicht aus genau derselben Gruppe von Replikas oder Einzelfällen, wenn die Klassen der Inskriptionen auch zusammenfallen. »Chat« funktioniert, und das ist wichtiger, in den beiden Sprachschemata anders. Es unterscheidet sich zum Beispiel in den Kombinationen, die es eingeht, um zusammengesetzte Ausdrücke und Sätze zu bilden: »chat« ist ein englisches Wort in »some chats«, aber ein französisches Wort in »quelques chats«. Es ist in den beiden Sprachen *ein anderes Wort, ein anderer Text*. Alles dies ist ausschließlich eine Frage der Syntax; die Unterscheidung hängt nicht davon ab, was die Wörter bedeuten oder worauf sie Bezug nehmen. Das gilt auch da, wo die beiden Wörter, wie bei »permission«, dieselbe Bezugnahme aufweisen. Und es gilt auch da, wo eine einzige Inskription in beiden Sprachen zugleich funktioniert. Eine »chat« lautende Inskription am Schwarzen Brett könnte einen vergeßlichen Franzosen daran erinnern, die Katze zu füttern, und einen reservierten Engländer daran, sich geselliger zu geben.

Ein Text ist eine Inskription in einer Sprache. Deshalb hängt seine Identität von der Sprache ab, zu der er gehört. Normalerweise stellt die Identifikation der Sprache eines Textes kein Problem dar. Aber nicht immer. Einige Folgen von Marken – »chat« zum Beispiel – kommen in mehr als einer Sprache vor. Andere kommen in keiner vor. Eine Konfiguration von Marken könnte ein Muster oder eine Inskription sein; und wenn sie eine Inskription ist, könnte sie zu irgendeiner von mehreren Sprachen gehören. Wir würden also gut daran tun, die Basis zur Identifizierung der Inskriptionen und der Sprachen, zu denen sie gehören, zu berücksichtigen.

Die Intention des Produzenten ist in dieser Frage nicht ausschlaggebend. Das nicht entzifferbare Gekritzel eines Dreijährigen ist trotz seiner Absicht, geschriebene Worte hervorzubringen, kein sprachlicher Verwendungsfall. Eine Inskription von »chat« erinnert Marie an ihre Verpflichtungen als Katzenbesitzerin, obwohl sie verfaßt wurde, um Maggie an ihre Verpflichtungen als Gastgeberin zu erinnern. Und ein Zweisprachiger könnte eine Inskription von »permission« hervorgebracht haben ohne jede besondere Intention hinsichtlich der Sprache, in der sie verstanden werden soll.

Die Zuschreibung von Inskriptionen zu Sprachen kann strenggenommen auch keine Frage der Konfiguration sein, denn Gestalt und Größe von Buchstaben variieren in hohem Maße und unabhängig von den Sprachen, in denen ihre Inskriptionen vorkommen. Und wie wir gesehen haben, kann dieselbe Konfiguration in unterschiedlichen Sprachen vorkommen.

Eher sind Marken Inskriptionen in einer Sprache, wenn sie als solche funktionieren. Einer Marke den Status einer englischen Inskription zuzuerkennen, bedeutet also, sie so zu behandeln, als komme ihr eine bestimmte syntaktische Rolle zu. Oft gibt es nur eine Sprache, von der überzeugend angenommen werden kann, daß eine Konfiguration von Marken in ihr funktioniert. In einigen Fällen gibt es, wie wir gesehen haben, mehr als eine derartige Sprache. In anderen keine. Da es unwahrscheinlich ist, daß der Text des *Hamlet* in irgendeiner anderen Sprache ebensogut funktioniert wie im Englischen, scheint sein Status als ein ausschließlich englischer Text gesichert zu sein. Dagegen funktioniert »chat« gleich gut im Englischen wie im Französischen, seine Inskriptionen könnten also beiden Sprachen angehören. Und da das Gekritzel des Kindes sich nicht in zulässige Folgen aus Buchstaben, Zwischenräumen und Satzzeichen irgendeiner bekannten Sprache differenzieren läßt, funktioniert es nicht sprachlich. Es ist kein Text. Es stellt auch kein echtes Problem dar, auf welche Weise gleich buchstabierte Inskriptionen beziehungsweise sogar dieselbe konkrete Inskription zwei verschiedene Werke, zwei verschiedene Texte sein können. Denn fast alles kann auch auf andere Weise funktionieren: Dasselbe Stück Bronze kann eine Skulptur, ein Türanschlag, eine Waffe sein.

Daher ist ein Fall wie »chat« (und im Prinzip gibt es keinen Grund dafür, warum eine viel längere Kette von Marken nicht unterschiedliche Texte in unterschiedlichen Sprachen darstellen könnte) kein Fall zweier Werke, die denselben Text haben, sondern zweier Werke mit unterschiedlichen Texten. Aber gibt es vielleicht andere Fälle, in denen wir zwei Werke mit nur einem Text haben?

4. Das Werk

Identische Zwillinge, die lange Jahre eng zusammengelebt hatten, wurden im Sommer in getrennte, aber einander ähnliche Ferienlager nach Neuengland geschickt. Danach wurde jeder gebeten, einen kurzen Bericht über seine Erlebnisse zu schreiben. Obwohl die Zwillinge über voneinander verschiedene Leute, Orte und Ereignisse berichteten, stellte sich heraus, daß ihre Berichte aus genau derselben Wortkette bestanden. Ist dies ein klarer Fall zweier Werke mit demselben Text?

Unverkennbar haben wir hier nur einen Text. Im Gegensatz zu »chat«, das als verschiedene Texte in zwei verschiedenen Sprachen funktioniert, funktioniert diese Wortkette in einer einzigen Sprache. Daß die Zwillinge numerisch distinkte Inskriptionen niederschrieben und über numerisch distinkte Ereignisse berichteten, berührt die Identität des Textes in keiner Weise. Die beiden Inskriptionen sind, auch in verschiedenen Handschriften, Replikas voneinander. Sie bestehen aus genau denselben syntaktischen Elementen des Englischen in genau derselben Kombination. Und die Textidentität zwischen ihnen ist eine rein syntaktische Relation. Aber wo Schreiber und Themen in dieser Weise vollständig distinkt sind, kann es da nur ein Werk geben, oder müssen es zwei sein? Wenn zwei, dann ergibt sich Werkidentität nicht immer aus der Textidentität.

Hier laufen wir Gefahr, durch Ausschmückung irregeführt zu werden. Die bemerkenswerten Zwillinge und die unwahrscheinliche Textkoinzidenz lenken unsere Aufmerksamkeit ab, so daß wir nicht bemerken, daß sich dieser Fall im Grunde genauso verhält wie der von Wörtern wie »cape«. Der gemeinsame Text hat zwei verschiedene Anwendungen oder Interpretationen. Es spielt keine Rolle, daß im Fall der Zwillinge die beiden Anwendungen von identifizierbaren Individuen stammen, die zwei verschiedene Inskriptionen des Textes niederschrieben, während die zwei verschiedenen Anwendungen von »cape« anonym sind; es spielt auch keine Rolle, daß der Fall der Zwillinge wahrscheinlich nicht vorkommt, während sich der Fall des »cape« häufig ereignet. In beiden Fällen haben wir einen einzigen Text mit zwei Interpretationen. Wenn wir unterschiedliche Interpretationen als distinkte Werke behandeln, können wir »cape« als zwei Worte verstehen und die Zwillinge so, daß sie zwei Berichte geschrieben haben. Aber dann geht uns die Unterscheidung zwischen dem einzelnen Werk mit multiplen Interpretationen und der Multiplizität von Werken verloren – annähernd die Unterscheidung zwischen *Ulysses* und den vielen Werken von Agatha Christie. Da Werke mit wenigen richtigen Lesarten zur Oberflächlichkeit tendieren, Werke mit vielen aber nicht, scheint es unklug zu sein, die Grundlage zur Unterscheidung zwischen den beiden Fällen zu opfern.

Jetzt werden Sie erkannt haben, daß das Beispiel der Zwillinge dieselbe Pointe aufweist wie ein berühmter, von Borges erfundener Fall.[3] Angenommen, sagt er, daß einige Jahrhunderte nach Cervantes ein gewisser Pierre Menard einen Roman mit demselben Text wie *Don Quijote* schreibt. Menards Roman erzählt jedoch eine andere Geschichte und hat sogar, sagt Borges, einen anderen Stil als der des Cervantes, denn zur Zeit Menards ist der Text archaisch, während er es zur Zeit des Cervantes nicht war. Dieser Fall wird allgemein als überzeugender Nachweis dafür verstanden, daß ein Werk nicht mit einem Text identisch sein kann – daß Cervantes und Menard getrennte Werke mit demselben Text hervorgebracht haben. Wir behaupten jedoch, daß die angeblichen zwei Werke tatsächlich eines sind. Menard können vielleicht zwei Leistungen zugeschrieben werden: eine Replika eines Textes hervorgebracht zu haben, ohne ihn zu kopieren, und eine neue Interpretation des Werkes formuliert oder angeregt zu haben – eine Möglichkeit, es als eine zeitgenössische Geschichte in einem archaischen Stil mit einer anderen Handlung zu lesen. Aber weder einzeln noch zusammengenommen laufen sie darauf hinaus, daß er ein neues Werk geschaffen hat.

Was Menard schrieb, ist schlicht eine weitere Inskription des Textes. Jeder von uns kann dasselbe tun, und Druckerpressen und Fotokopierer können es auch. In der Tat erfahren wir: Wenn unendlich viele Affen eine unendlich lange Zeit mit der Maschine schreiben, würde schließlich einer eine

3 Jorge Luis Borges, »Pierre Menard, Autor des Quijote«, *Die zwei Labyrinthe*, München: Deutscher Taschenbuch Verlag 1986, 36-47.

Replika des Textes hervorbringen. Diese Replika, behaupten wir, wäre ebensogut ein Einzelfall des Werkes *Don Quijote* wie das Manuskript des Cervantes, das Manuskript Menards und jedes Exemplar des Buches, das je gedruckt wurde oder wird (*LA*, 199-211, dt. 203-215; *RR*, 113-120). Daß man von dem Affen annehmen kann, er habe sein Exemplar zufällig hervorgebracht, macht keinen Unterschied. Es ist derselbe Text, und er steht genau denselben Interpretationen offen wie die Einzelfälle, die bewußt von Cervantes, Menard und den verschiedenen anonymen Kopisten, Druckern und Setzern, die Einzelfälle des Werkes herstellen, inskribiert wurden. Fragen nach der Intention oder Intelligenz des Herstellers einer bestimmten Inskription sind für die Identität des Werkes ohne Belang. Jede Inskription des Textes stützt, gleichgültig wer oder was sie hergestellt hat, genau dieselben Interpretationen wie jede andere.

Menard mag in gewisser Hinsicht eine neue Interpretation des Textes vorgeschlagen oder angeregt haben. Aber ebensowenig wie jede andere zulässige Interpretation, die vorher oder seitdem oder von anderen angeboten wurde, gilt die Lesart Menards als *das* Werk *Don Quijote* oder auch nur als *ein* Werk *Don Quijote*. Sie sind alle bloß Interpretationen des Werkes. Darüber hinaus sind alle und nur richtige Interpretationen des Textes von Cervantes richtige Interpretationen des Textes von Menard. Wenn es für einen zeitgenössischen Leser nicht korrekt ist, den Cervantes-Text als archaisch zu interpretieren, dann ist es ebenfalls nicht korrekt, den Menard-Text so zu interpretieren. Denn die ›beiden‹ Texte sind einer. Genauso wie wir feststellten, daß »cape« trotz seiner beiden Anwendungen ein Wort darstellt und nicht zwei, so stellt *Don Quijote* trotz der Vielzahl seiner zulässigen Interpretationen ein Werk dar und nicht viele.

5. Der Autor

Wer ist also der Autor eines literarischen Werkes? Da der Text das Werk ist, scheint es vernünftig, das Individuum auszuzeichnen, das die erste Inskription des Textes herstellte. Als Alternative dazu könnte man als Autor das Individuum ansehen, das die erste Inskription herstellte, die als der Text funktionierte. Bei beiden Möglichkeiten setzt sich Cervantes gegenüber Menard durch, weil er die erste Inskription (oder Äußerung) des *Don Quijote* hergestellt hat. Beide Regeln stimmen mit unserer gewöhnlichen Praxis zur Bestimmung der Autorschaft überein. Sie führen jedoch Implikationen mit sich, die nicht anerkannt zu werden brauchen. Die Identität eines literarischen Werkes ist in dem Text angesiedelt, und Texte lassen sich willkürlich herstellen. Der Grundsatz, den ersten Produzenten eines Textes als Autor zu bestimmen, könnte es also erforderlich machen, einen Affen oder einen Apparat als den Autor eines literarischen Werkes anzuerkennen. Dies erscheint absurd; denn Affen und Apparate können nicht einmal literarische Werke verstehen, geschweige denn sie schaffen. Aber die Absurdität ist nur eine vermeintliche. Denn es ist nicht ungewöhnlich, daß ein Werk korrekte Interpretationen hat, die sein Autor nicht verstehen kann. (Nehmen Sie zum Beispiel Freudsche Interpretationen des *Hamlet*.) Werke, deren Autoren Affen oder Apparate sind, stellen einfach Grenzfälle dieses Phänomens dar. Die Autoren dieser Werke können keine ihrer Interpretationen verstehen.[4]

4 Obwohl extrem, sind solche Grenzfälle nicht allzu weit hergeholt. Computern traut man bereits zu, daß sie Theoreme beweisen, wenn ihre Eingabe die Axiome eines Systems umfaßt und ihre Ausgabe die logische Form einer gültigen Deduktion hat. Zunächst unternahm man den Versuch, die Beweise ihren Programmierern zuzuschreiben und nicht so sehr den Maschinen. Aber dies wurde als Fehlschlag aufgegeben, als sich herausstellte, daß die Programmierer nicht wußten, wie die fraglichen Theoreme zu beweisen sind, und oft nicht einmal vermuteten, daß die Formeln Theoreme waren, bis die Computer sie bewiesen. Wenn die Unfähigkeit,

Wer ist der Autor des Werkes, dessen Inskriptionen die Zwillinge herstellten? Wenn die Inskriptionen gleichzeitig hervorgebracht wurden, hat keiner der Zwillinge einen größeren Anspruch auf die Autorschaft als sein Bruder. Aber sie haben nicht zusammengearbeitet, also wäre es verkehrt, sie als Koautoren anzusehen. Der Fall verhält sich ähnlich wie der einer gleichzeitigen Entdeckung in der Wissenschaft, wo Forscher unabhängig voneinander arbeiten und zu denselben Ergebnissen kommen. In der Wissenschaft wird die Entdeckung beiden zuerkannt. Es scheint das Beste zu sein, in der Literatur ähnlich zu verfahren. Beide Zwillinge sind dann Autoren des Berichts. Wir können unterscheiden zwischen gemeinsamer Autorschaft und multipler Autorschaft. Ein Werk ist gemeinsam verfaßt, wenn mehrere Autoren zusammenarbeiten, um eine einzige Inskription eines Originaltextes herzustellen. Ein Werk ist multipel verfaßt, wenn mehrere Autoren getrennt voneinander arbeiten und getrennte Inskriptionen eines einzigen Originaltextes herstellen. Multipel verfaßte Werke sind ungewöhnlich, aber sie stellen keine theoretische Schwierigkeit dar.

6. Über Literatur hinaus

Unsere Erörterung beschäftigte sich ausschließlich mit literarischen Werken. Für Werke in den anderen Künsten stellen sich ziemlich entsprechende Überlegungen ein. Aber das von uns Gesagte läßt sich nicht automatisch auf sie anwenden; denn der Ort der Werkidentität variiert mit den verschiedenen Künsten. In der Malerei zum Beispiel hat jedes Werk nur einen *einzigen* Einzelfall. Und die Identität des Werkes hängt davon ab, daß es von einem bestimmten

die eigenen Resultate zu interpretieren, Computer nicht daran hindert, Theoreme zu beweisen, dann ist kaum einzusehen, warum man von dieser Unfähigkeit annehmen soll, daß sie die Herstellung – durch Affen oder Apparate – anderer Werktypen ausschließt.

Künstler und unter bestimmten Umständen produziert worden ist. Bei der Radierung kann ein Werk eine Vielzahl von Einzelfällen haben, aber ihre gemeinsame Geschichte ist entscheidend für die Identität eines jeden als eines Einzelfalles von diesem Werk. Obwohl musikalische und dramatische Werke ebenfalls eine Vielzahl von Einzelfällen zulassen – alle die Aufführungen, die eine bestimmte Partitur oder ein Skript erfüllen –, ist die Werkidentität in diesen Künsten wie in der Literatur nicht von der Entstehungsgeschichte abhängig. Partituren und Skripte werden syntaktisch definiert; erfüllende Aufführungen werden semantisch definiert. Auf welche Weise eine Partitur oder ein Skript entstand und auf welche Weise eine Aufführung sie schließlich erfüllte, das ist für die Identität des aufgeführten Werkes nicht wesentlich (*LA*, 112-113, dt. 122-123; *RR*, 113-120). Kunstwerke, deren Identität von ihrer Entstehungsgeschichte abhängt, kann man *autographisch*, Werke, deren Identität syntaktisch oder semantisch bestimmt wird, *allographisch* nennen.

Das Problem der Autorschaft ist in gewisser Weise in allographischen Künsten weniger wichtig als in autographischen. Denn gerade die Identität eines Gemäldes, einer Radierung oder einer Skulptur richtet sich auf die Frage, wer es mit welchen Mitteln produziert hat. Nur ein bestimmtes Produkt von der Hand Botticellis kann den Identitätsbedingungen von *La Primavera* genügen. Die Identität eines literarischen oder musikalischen Werks dagegen hängt nicht von den Antworten auf solche Fragen ab. Von wem *Don Quijote* geschrieben wurde oder wann, das spielt schlicht für die Identität des Werkes keine Rolle. Sowohl in den autographischen wie den allographischen Künsten ist die Identität bestimmter Werke von der Werk-Zuschreibung unabhängig. Obwohl die Identität eines autographischen Werkes von seiner Geschichte abhängt, wird diese Identität von unserer Kenntnis oder Unkenntnis seiner Geschichte nicht berührt. Natürlich läßt sich unser Verstehen eines jeden Werkes möglicherweise verbessern, wenn wir entdecken, wer es unter welchen Umständen geschaffen hat. Wir können davon ausgehen, in jeder Kunst Werke anzutreffen, deren Ursprünge unbekannt sind. Und obwohl unsere Unkenntnis ihrer Ursprünge sich nicht auf die Identität der Werke auswirkt, wirkt sie sich wahrscheinlich auf unser Verständnis von ihnen aus.

Kann das Werk die Welt überdauern? Die Antwort, zu der diese Reflexionen hinzuführen scheinen, ist *ja*, aber vielleicht nur in Intensivpflege. (*Goodman/Elgin*)

IV

Variationen zur Variation – oder von Picasso zurück zu Bach

1. Wann ist eine Variation?

Ich möchte hier den Begriff einer musikalischen Variation und verwandte Begriffe in der Musik und anderen Künsten erkunden. Die Musik, auf die ich mich konzentrieren werde, ist die klassische Musik in westlicher Standardnotation. Derartige Musik ist eine zweiphasige Kunst: Die Komposition eines Werks führt zu einer Partitur, die Ausführung zu Aufführungen der Partitur. Diese Kunst ist auch multipel: Das musikalische Werk besteht aus den verschiedenen Aufführungen. Und schließlich ist derartige Musik eine allographische Kunst: Erfüllung der Partitur stellt das einzige Erfordernis für einen echten Einzelfall eines Werks dar, gleichgültig wer es aufführt; die Entstehungsgeschichte hat keinen Einfluß auf die Echtheit einer Inskription oder die Aufführung der Partitur.

Eine Partitur schreibt die Aufführung weder vollständig noch genau vor. Die musikalische Notation beläßt einige Merkmale unspezifiziert und spezifiziert andere nur innerhalb bestimmter Toleranzen. Daher kann es bei echten Aufführungen eines Werkes drastische Unterschiede sogar zwischen solchen von gleicher Qualität geben. Dies macht einigen Komponisten zu schaffen und läßt sie nach Möglichkeiten suchen, eine größere Kontrolle auszuüben. Andererseits ärgern sich einige Aufführende über die von einer Partitur auferlegten Zwänge und wünschen eine größere Freiheit zur Improvisation.

Für die Zusammenarbeit bin ich neben anderen Lyle Davidson, David Alpher, James Welu, Konrad Oberhuber und Jesús Mosterín zu Dank verpflichtet.

Es muß jedoch betont werden, daß die verschiedenen Aufführungen eines Werkes *keine* Variationen über das Werk sind, sondern es vielmehr konstituieren. Wie sehr sie sich auch voneinander unterscheiden mögen, alle echten Aufführungen eines Werkes erfüllen dieselbe Partitur, und keine Aufführung erfüllt mehr als eine Partitur. Im Gegensatz dazu hat eine Variation über ein Thema eine andere Partitur und kann eine Variation über andere Themen sein.
Eine Variation über ein Werk, ein Thema oder eine Passage muß ihnen offenkundig in einigen Hinsichten gleichen und sich in anderen von ihnen unterscheiden. Aber dies gilt schließlich für zwei beliebige Passagen. Welche speziellen musikalischen Beziehungen der Ähnlichkeit und des Unterschieds müssen zwischen zwei Passagen bestehen, damit die eine von ihnen eine Variation über die andere ist? Das Grove Wörterbuch[1] beschreibt zunächst einige elementare Typen der Variation, bei denen der sich ändernde Hauptfaktor Tonhöhe, Harmonie oder Rhythmus ist, und geht dann zur Erörterung ihrer Kombinationen und Abweichungen im Zusammenhang mit allen möglichen anderen Fällen über. Einige Weisen, Variationen zu erzeugen, fallen unter solch allgemeine Weisen der Welterzeugung wie Tilgung, Ergänzung, Deformation, Neuordnung und Gewichtung (*WW*, 7-17, dt. 20-30). Eine annähernd adäquate Definition der erforderlichen musikalischen Beziehung zwischen Variation und Thema zu formulieren, die auch nur die geläufigsten Fälle abdeckt, ist offensichtlich eine komplizierte Aufgabe. Glücklich überlasse ich sie den Musikwissenschaftlern und nehme vorläufig an, daß sie gelöst ist. Mein gegenwärtiges Interesse richtet sich auf die daran sich anschließenden Fragen.
Welche Beziehung aufgrund von Ähnlichkeiten und Unterschieden auch immer zwischen einer Variation und einem Thema erforderlich sein mag, genügt das allein natürlich

1 *The New Grove Dictionary of Music and Musicians*, ed. Stanley Sadie, London: Macmillan 1980, 19, 536-537.

nicht; denn die Beziehung des Themas zur Variation ist nicht symmetrisch, und ferner funktioniert keine von zwei Passagen in ganz und gar verschiedenen Werken als eine Variation über die andere, solange sie nicht auf irgendeine Weise zusammengebracht werden.
Kurz, die Frage, mit der wir unmittelbar konfrontiert werden, lautet: »Wann ist eine Variation?«; das heißt: »Unter welchen Umständen funktioniert eine Passage *v*, die die erforderliche musikalische Beziehung zu einer Passage *t* hat, als eine Variation über *t*?« Diese Frage nimmt gegenüber der Frage »Was ist eine Variation?« eine Vorrangstellung ein, genauso wie die Frage »Wann ist Kunst?« gegenüber der Frage »Was ist Kunst?« eine Vorrangstellung einnimmt (*WW*, 57-70, dt. 76-91). In beiden Fällen geht die Charakterisierung einer Funktion der Abgrenzung einer Klasse voraus und bietet erst die Mittel hierzu an.

2. Bezugnahme und Variation

Unser erster Versuch einer Antwort könnte lauten: Wenn *v* die erforderliche grundlegende musikalische Beziehung zu *t* hat und eine Passage ist, die später in einem Werk vorkommt, das mit *t* beginnt, dann funktioniert *v* als eine Variation über *t*. Aber das ist ein wenig zu eng und ein wenig zu weit und verfehlt einen wesentlichen Sachverhalt. Zunächst einmal geht in einem Werk das Thema nicht immer der Variation voraus, sondern kann am Ende oder irgendwo in der Mitte vorkommen. Ferner: Wenn eine Passage *b* musikalisch zu einer anderen Passage *a* in der Weise in Beziehung steht, daß *b* als eine Variation über *a* in Frage kommt, dann steht auch *a* musikalisch in der Weise zu *b* in Beziehung, daß *a* als eine Variation über *b* in Frage kommt. In den *Variations on »America«* von Charles Ives taucht das Thema am Ende auf und wird durch fortschreitende Extraktion aus der ersten, am meisten ausgearbeiteten Variation erreicht. In diesem Fall zeigen der Titel und die Vertrautheit mit dem Lied *America* unmißverständlich an, welche Passage das Thema ist. Wie und ob man nun ohne derartige Hinweise bestimmen kann, welche unter mehreren Passagen das Thema ist, ist eine Frage, die ich Musikern überlasse. Uns interessiert hier die *Tragweite* der Unterscheidung, wenn sie getroffen wird. Daß die erforderliche musikalische Beziehung zwischen zwei Passagen besteht, legt eindeutig nicht fest, welche das Thema ist, sondern ist nur eine notwendige, keine hinreichende Bedingung für das Funktionieren als eine Variation. Was wir bis jetzt übersehen haben, ist die Einsicht, daß eine Passage *v* nur dann als eine Variation über *t* funktioniert, wenn *v* in einer bestimmten Weise *auf t Bezug nimmt*. Als eine Variation zu funktionieren beinhaltet nicht nur die erforderliche musikalische Beziehung, sondern auch eine *bezugnehmende*. Das bedarf der Erklärung.

In welcher Weise nimmt also eine Passage, die als eine Variation über eine andere funktioniert, auf sie Bezug? Da sie kein Bild und kein Paragraph ist, bildet eine musikalische Variation das Thema nicht ab und beschreibt es auch nicht. Und obwohl Variation und Thema bestimmte gemeinsame musikalische Merkmale besitzen müssen, stellt die Tatsache, daß zwei Passagen solch ein Merkmal gemeinsam besitzen, keine Bezugnahme zwischen ihnen her. Ein Einzelfall eines Etiketts nimmt nicht schon deswegen auf einen anderen Einzelfall Bezug; zwei Dinge können beide Äpfel sein, ohne daß einer von ihnen auf den anderen Bezug nimmt.

Bezugnahme durch eine Variation auf ein Thema ist äußerst komplex. Zunächst einmal besitzt eine Passage, wenn sie als eine Variation funktioniert, die musikalischen Merkmale, die sie mit dem Thema gemeinsam haben muß, nicht nur, sondern *exemplifiziert* sie auch. Exemplifizieren heißt als Probe eines Merkmals oder Etiketts[2] dienen, und zwar in derselben

2 Keinerlei Festlegung weder auf den Nominalismus noch auf den Platonismus ist für die vorliegende Erörterung erforderlich. Für diejenigen, die

Abbildung 8. Leonardo da Vinci, *Das Letzte Abendmahl*, Sta. Maria del Grazie, Mailand, 1495-1498

Abbildung 9. Rembrandt van Rijn, *Das Letzte Abendmahl* (nach Leonardo da Vinci), Kupferstichkabinett Berlin, 1635

I

2

3

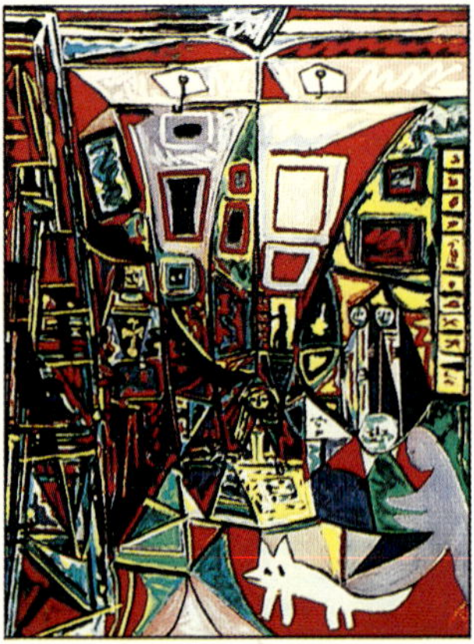

4

5

6

7

9

8

10

11

13

12

14

15

16

17

18

19

20

21

22

23

Weise wie Stoffstücke im Laden eines Schneiders oder Polsterers als Proben von Struktur, Farbe, Muster und Schwere. Wie wir gesehen haben, *kehrt* Exemplifikation die Richtung der Denotation *um*, verläuft vom Einzelfall zurück zum Etikett und ist *selektiv*: Eine Probe exemplifiziert nicht alle ihre Merkmale – ein Stoffmuster exemplifiziert normalerweise nicht seine Größe oder Gestalt –, und oft dient ein Einzelfall überhaupt nicht als Probe. Exemplifizieren heißt ein Merkmal aufdecken, auf es aufmerksam machen, aber nicht notwendigerweise es hervorheben; ein bezeichnendes Merkmal des Themas kann ziemlich subtil sein oder aufgrund der in einer Variation vorgenommenen Veränderungen etwas versteckt sein, so daß die Exemplifikation nur nach wiederholtem Hören erkennbar wird.[3]

Das Bezugnehmen auf ein musikalisches Merkmal, das sie mit dem Thema teilen muß, ist für eine Passage immer noch nicht ausreichend, damit sie als eine Variation über ein Thema funktionieren kann; die Variation muß auf das Thema *über dieses Merkmal* Bezug nehmen. Wenn die Variation das Merkmal exemplifiziert, das seinerseits das Thema denotiert, dann steht ein Weg der Bezugnahme von der Variation auf das Thema zur Verfügung. Daß eine Passage auf das Merkmal und das Merkmal auf das Thema Bezug nimmt und sie dabei zwei miteinander verbundene bezugnehmende Glieder

wie der Autor des vorliegenden Werks zum Nominalismus neigen, werden Merkmale mit Hilfe von Etiketten konstruiert; und dann können wir unterschiedslos von etwas sprechen, das ein Merkmal besitzt oder von ihm denotiert wird. Diejenigen, die zum Platonismus neigen, werden »von einem Merkmal denotiert« als Kurzform für »von einem Etikett für eine Eigenschaft denotiert« lesen wollen. Beide Male darf man zwei Dinge nicht vergessen: (1) Keinesfalls sind alle Etiketten wortsprachlich, und (2) was von einem Etikett denotiert wird, nimmt nicht in allen Fällen auf dieses Etikett Bezug, sondern nimmt in einigen Fällen (siehe unten) auf es Bezug – durch Exemplifikation.

3 Siehe *MM*, 83-84, dt. 124-125, und den dort zitierten Aufsatz von Monroe Beardsley.

bilden, die einen Pfad ergeben, impliziert dennoch nicht, daß die Passage auf diesem Pfad auf das Thema Bezug nimmt. Wenn *a* auf *b* Bezug nimmt und *b* auf *c*, dann nimmt *a* nicht immer auf *c* Bezug. Ein Name eines Namens von Helsinki nimmt auf ein Wort Bezug, das die Stadt bezeichnet, selten aber auf die Stadt. Auf der anderen Seite nimmt »Das Kreuz«, indem es einen heiligen Gegenstand benennt, der auf das Christentum Bezug nimmt, auch auf das Christentum *über* diesen Gegenstand Bezug. Kurz, Bezugnehmen ist manchmal transitiv, manchmal nicht.[4] Wenn die Exemplifikation des fraglichen Merkmals durch eine Passage und die Denotation des Themas durch das Merkmal als getrennte Schritte aufgefaßt werden, dann nimmt die Passage nicht auf das Thema Bezug; wenn aber das Bezugnehmen diesen zweigliedrigen Pfad durchläuft, dann nimmt die Passage über dieses Merkmal auf das Thema Bezug.

Eine solche Bezugnahme ist übrigens ein Spezialfall eines Bezugnahmetyps, den man wohl *Anspielung* nennen kann: vermittelte oder indirekte Bezugnahme entlang eines Pfades, der die Richtung innerhalb einer denotationalen Hierarchie mindestens einmal umkehrt (*MM*, 65-66, dt. 100-101). Bezugnahme von der Variation auf das Thema verläuft in einer Richtung (durch Exemplifikation) zu bestimmten gemeinsamen Merkmalen und geht in der entgegengesetzten Richtung (durch Denotation) weiter von diesen Merkmalen zum Thema.

Variation hängt also ganz klar ebensosehr vom Unterschied von wie der Ähnlichkeit mit dem Thema ab. Und ebenso wie

4 Siehe *WW*, 41-56, dt. 59-75. Diese Diskussion muß jedoch etwas ausgearbeitet werden, um weitere Komplikationen in den Griff zu bekommen; wenn zum Beispiel ein Symbol *S* auf ein Symbol *Q* Bezug nimmt und *es enthält*, das auf *x* Bezug nimmt, dann kann, ob *S* auf *x* über *Q* Bezug nimmt oder nicht, in elliptischer Redeweise von *S* gesagt werden, daß es auf *x* Bezug nimmt – als Kurzform für die Redeweise, daß *S* etwas enthält, das auf *x* Bezug nimmt. Ich spare mir solche Feinheiten für eine andere Gelegenheit.

das Funktionieren als eine Variation beinhaltet, daß sie nicht nur bestimmte Merkmale mit dem Thema gemeinsam hat, sondern auch auf das Thema über diese Merkmale Bezug nimmt, so beinhaltet ein solches Funktionieren auch, daß eine Variation nicht nur bestimmte Merkmale hat, die mit dem Thema kontrastieren, sondern auch, daß sie auf das Thema über solche Merkmale Bezug nimmt. Dies wirft ein Problem auf. *Wie kann eine Variation auf ein Thema über ein Merkmal Bezug nehmen, das beiden nicht gemeinsam ist?* Wie kann eine Variation ein Merkmal exemplifizieren, das sie nicht hat? Oder wie kann sie auf das Thema durch Exemplifikation von Merkmalen Bezug nehmen, die das Thema nicht hat?

Überlegen Sie für einen Augenblick, wieso man einen Riesen winzig nennen kann. Der Ausdruck »winzig« wird hier metaphorisch auf etwas angewandt, auf das nicht dieser Ausdruck, sondern ein kontrastierender Ausdruck buchstäblich zutrifft. »Winzig« denotiert den Riesen nicht buchstäblich, sondern figurativ, und figurative Denotation ist keine weniger echte Bezugnahme als buchstäbliche Denotation. Und figurative Exemplifikation – das heißt, Exemplifikation eines Etiketts, das nur figurativ zutrifft – ist nicht weniger echt als buchstäbliche Exemplifikation. Daher kann Bezugnahme durch eine Variation auf ein Thema über ein Merkmal verlaufen, das buchstäblich zu dem einen, aber nur figurativ zum anderen gehört. Auf diese Weise ist die Metapher an der *kontrastiven Exemplifikation* und folglich an der Variation beteiligt.[5]

5 Metapher kann da noch stärker beteiligt sein, wo die kontrastierenden Merkmale bereits metaphorisch sind, wie etwa bei einer traurigen Variation über ein heiteres Thema. Hier geht ein weiterer metaphorischer Schritt in die kontrastive Exemplifikation ein. In Wirklichkeit wird beim Transfer von Gefühlen auf die Musik das Schema von Etiketten bei seiner Anwendung auf die Variation auch umgekehrt, so daß die Variation durch eine doppelte Metapher die Heiterkeit des Themas kontrastiv exemplifiziert und auf das Thema über dieses Merkmal Bezug nimmt. (Alternativ dazu wird das Schema bei seiner Anwendung auf das *Thema*

3. ›Formale‹ Erfordernisse

Insgesamt haben wir in unserer Untersuchung zwei Bedingungen für die Variation herausgefunden: eine ›formale‹ Bedingung und eine funktionale.[6] Erstens, um als eine Variation *in Frage zu kommen*, muß eine Passage dem Thema in gewissen Hinsichten ähnlich sein und mit ihm in gewissen anderen kontrastieren. Zweitens, um als eine Variation zu *funktionieren*, muß eine in Frage kommende Passage die erforderlichen gemeinsamen Merkmale des Themas buchstäblich und die erforderlichen kontrastierenden Merkmale des Themas metaphorisch exemplifizieren und auf es über diese Merkmale Bezug nehmen. Eine Variation *zu sein* beruht darauf, daß sie als solche funktioniert: Eine Variation ist eine Passage, die gewöhnlich oder hauptsächlich oder üblicherweise so funktioniert. Eine Variation funktioniert nicht immer so, genausowenig wie ein Kunstwerk stets als solches funktioniert, ein Name stets benennt oder ein Symbol stets symbolisiert.

Ich habe die funktionale Bedingung ausführlicher untersucht, die formale Bedingung dagegen nur gestreift und versprochen, auf die erforderliche musikalische Beziehung zwischen Variation und Thema zurückzukommen. Autoren von Werken zur Musik beschreiben zahlreiche Typen der Variation und vermitteln den Eindruck, daß beständig neue Typen eingeführt werden. Das macht die Formulierung eines allgemeinen und projizierbaren Erfordernisses zu einer entmutigenden Aufgabe und wirft die Frage auf, ob tatsächlich über die Ähnlichkeit mit dem Thema in irgendeiner nichttrivialen musikalischen Hinsicht und über den Unterschied zu

umgekehrt, und die Variation nimmt auf das Thema über Traurigkeit Bezug.)

6 »Formal« oder »musikalisch« sind im vorliegenden Kontext nicht darauf beschränkt, was in irgendeinem engen Sinne rein eine Frage der Form ist, sondern sie werden als Kontrast zu »funktional« oder »bezugnehmend« gebraucht, wie sie hier erläutert wurden.

ihm in einer anderen Hinsicht hinaus irgendeine musikalische Beziehung für die Variation erforderlich ist. Funktioniert jede Passage, die auf das Thema über solche Merkmale Bezug nimmt, als eine Variation? Kann man die formalen Bedingungen fallenlassen und nur die bezugnehmenden beibehalten? Die Antwort, denke ich, ist etwas kompliziert. Auf der einen Seite braucht man wohl ein formales Erfordernis, um Variationen von Passagen unterscheiden zu können, die gar nicht als Variationen gelten, aber auf das Thema in derselben Weise Bezug nehmen können. Andererseits scheint klar zu sein: Welche formale Bedingung auch immer verkündet wird, eine musikalische Beziehung, die diese Bedingung verletzt, kann in der Praxis schließlich die Basis für einen neuen Typ der Variation abgeben. Die Auflösung dieser widerstreitenden Erwägungen hängt von der Einsicht ab, daß man zwar eine formale Bedingung braucht, um Nichtvariationen auszuschließen, die die bezugnehmende Bedingung erfüllen, eine derartige formale Bedingung aber nur eine Kodifikation der musikalischen Beziehung darstellt, die in der gegenwärtigen Praxis auszeichnet, was als Variation akzeptiert wird. Veränderungen in dieser Praxis sind nicht ausgeschlossen. Wenn einzelne Urteile mit allgemeinen Prinzipien kollidieren, muß man eine Anpassung dadurch vornehmen, daß man eines davon oder beide revidiert (*FFF*, 63-64, dt. 86-87).

4. Improvisation und Parodie

Von den mit der Variation eng verwandten Begriffen unterliegt die *Improvisation* vermutlich formalen Einschränkungen, die weniger streng sind als die der Variation. Ansonsten unterscheidet sich die Improvisation *über* – das heißt das Bezugnehmen auf – andere Musik wenig von der Variation. Eine vollkommen ›freie‹ Improvisation, die auf keine andere Musik Bezug nimmt, ist lediglich eine spontane Erfindung, die mit Variation nichts zu tun hat.

Eine *Parodie* auf ein Werk erfüllt gewöhnlich die formalen Erfordernisse für eine Variation. Aber während eine Variation stets Variation über ein Thema oder ein Werk ist, kann Parodie eine Parodie über (oder auf) einen Stil oder ein ganzes Korpus von Werken sein; und die exemplifizierten und die kontrastiv exemplifizierten Merkmale sind Merkmale, die den Werken innerhalb des Korpus gemeinsam sind. Natürlich unterscheidet sich der Sinn und Zweck einer Parodie sehr von dem der üblichen Variation. Dies mag uns daran erinnern, daß ich bis jetzt das *Warum* von Variationen nicht diskutiert habe – was sie leisten, wie sie gebraucht werden, welche Rolle sie in der Kunst spielen. Aber ich werde dieses Thema noch so lange zurückstellen, bis wir die Variation in anderen Künsten als der Musik betrachtet haben.

5. Variationen in verschiedenen Künsten

Was ich über Musik gesagt habe, trifft im allgemeinen auch auf den Tanz zu. Aber bedeutende Unterschiede treten in Künsten wie etwa der Druckgrafik auf, die der Musik und dem Tanz zwar darin gleichen, daß sie zweiphasig und multipel sind, sich von ihnen aber dadurch unterscheiden, daß sie nicht allographisch, sondern autographisch sind. Bei der Radierung zum Beispiel besteht die erste Phase in der Herstellung einer Platte; die zweite Phase besteht darin, Abzüge von dieser Platte zu drucken. Ähnlich der Aufführung eines Werkes stellen die verschiedenen Drucke die einzigen Einzelfälle dar und konstituieren das Werk; und wie es je nach Schauspielern und Spiel unter den Aufführungen große Unterschiede geben kann, so kann es auch unter den Abzügen je nach Drucker und Druck – durch Druckfarbe, Farbauftrag, Papier und so weiter – Unterschiede geben. *Aber* während in der Musik echte Einzelfälle eines Werkes die – guten oder schlechten – Aufführungen sind, die die Partitur erfüllen, gibt es bei der Radierung keine Partitur, keine Notation.

Echte Einzelfälle eines Werkes sind die – guten oder schlechten – Drucke, die von der Platte hergestellt wurden. Daher unterscheidet bei der Radierung – und anderen Verfahren der Druckgrafik wie Kupferstich, Lithografie, Holzschnitt und gewöhnlicher Fotografie[7] wie auch bei gegossener Skulptur – die Entstehungsgeschichte und nicht die Erfüllung einer Partitur zwischen dem, was Einzelfälle eines Werkes sind und was nicht. Doch gleichen sich Abzüge und Aufführungen darin, daß sie Einzelfälle des Werkes sind und keine Variationen über es. Eine Variation über ein musikalisches Werk erfüllt eine andere Partitur; eine Variation über eine Radierung wird von einer anderen Platte gedruckt.

Malerei entfernt sich insofern am weitesten von der Musik, als sie weder zweiphasig noch multipel noch allographisch, sondern einphasig, singulär und autographisch ist. Der vom Maler hergestellte Gegenstand ist das Werk selbst; es gibt keine Partitur oder Platte mit multiplen Aufführungen oder Abzügen, die von Variationen unterschieden werden müssen. Aber Variationen über ein Werk werden von Nichtvariationen bei der Malerei in derselben Weise unterschieden wie bei der Musik und der Radierung. Eine Variation über ein Gemälde ist ein anderes Werk, das auf es durch Exemplifikation bestimmter gemeinsamer Merkmale und durch kontrastive Exemplifikation bestimmter voneinander verschiedener Merkmale Bezug nimmt. Die relevanten Merkmale genau anzugeben und die erforderliche Beziehung zu verdeutlichen, mag im einzelnen sogar noch mühsamer sein als im Falle der Musik,[8] das allgemeine Prinzip ist jedoch klar.

Malerei und andere pikturale Künste unterscheiden sich jedoch von der Musik in einigen Weisen, die sich auf die Variation auswirken. Ein solcher Unterschied besteht darin, daß in der Musik Thema und Variation im allgemeinen Bestand-

7 Im Gegensatz dazu sind die Daguerreotypie und einige Arten der Sofortbildfotografie einphasig, singulär und autographisch.

8 Bei der Musik lassen sich nämlich einige der relevanten Merkmale, wenn auch bei weitem nicht alle, mit Hilfe der Notation genau angeben.

teile eines einzelnen Werkes sind, während in der Malerei Thema und Variation fast immer getrennte Werke sind. So werden in der Musik Variationen normalerweise durch das Werk in eine eindeutige lineare Ordnung gebracht, während in der Malerei keine eindeutige Ordnung festgelegt wird, und Variationsreihen sowohl ohne Thema als auch ohne festgelegte lineare Ordnung sind nicht ungewöhnlich.[9]
Ein weiterer wesentlicher Unterschied, nämlich daß Repräsentation in der Malerei verbreiteter und häufiger wichtig ist als in der Musik, fordert dazu auf, über die Beziehung zwischen Variation und Repräsentation nachzudenken. Wir könnten davon ausgehen, daß eine Variation über ein Gemälde stets ein Bild von ihm sein und auch dieselbe Thematik haben muß. *So nicht*; es kann zum Beispiel sein, daß eine Variation über ein repräsentationales Gemälde ganz abstrakt ist und weder das Gemälde noch sein Sujet noch irgend etwas anderes repräsentiert. Umgekehrt ist ein Bild eines Gemäldes – zum Beispiel ein Bild, das das Gemälde von hinten oder von der Seite gesehen zeigt – nicht immer eine Variation über es. Selbst ein Bild, das sowohl das Gemälde wie auch sein Sujet repräsentiert – zum Beispiel eine sklavische Nachahmung –, braucht keine Variation über es zu sein. Kurz, Repräsentation ist weder eine notwendige noch eine hinreichende Bedingung für Variation. Eine Variation muß auf das Gemälde mittels Exemplifikation bestimmter gemeinsamer und mittels kontrastiver Exemplifikation bestimmter nicht gemeinsamer Merkmale Bezug nehmen; und diese Beziehung impliziert weder die Repräsentation noch wird sie von ihr impliziert.

9 Wo es keine festgelegte Folge gibt, ist Variation symmetrisch, aber trotzdem nicht transitiv. Obwohl wir so reden können, daß eine Reihe von Variationen ›Variationen über einander‹ sind, impliziert dies nicht, daß jede von ihnen eine Variation über jede andere ist. Es impliziert nur, daß jede von ihnen mit jeder anderen über einen Pfad aus Variationsgliedern verbunden ist. Das wird in dem einen Extrem der Fall sein, wo alle die Variationsglieder einen einzigen linearen Pfad ergeben, und in dem anderen Extrem, wo jede Variation eine Variation über jede andere ist.

Trotzdem kann natürlich eine Variation über ein Gemälde auch das Gemälde oder sein Sujet oder beides repräsentieren. Und Gemälde, die normalerweise keine Variationen über einander sind, können unter bestimmten Umständen als solche funktionieren. Zum Beispiel nehmen Gemälde von mehreren verschiedenen Künstlern, wenn man sie nur als Bilder von Paris versteht, nicht aufeinander Bezug, und keines ist eine Variation über ein anderes, aber wenn man sie zu einer Ausstellung zusammenstellt, kann es sein, daß sie schließlich in der Weise aufeinander Bezug nehmen, die für ihr Funktionieren als Variationen erforderlich ist; und die Exemplifikation des gemeinsamen Merkmals, Paris zu repräsentieren, kann an dem Zustandekommen einer solchen Bezugnahme beteiligt sein.[10] Ebenso kann eine getreue Kopie normalerweise ein Bild des Originalgemäldes oder ein Ersatz für es sein; aber wenn man die Kopie neben das Original stellt und sorgfältig mit ihm vergleicht, kann es sein, daß bestimmte Unterschiede schließlich kontrastiv exemplifiziert werden und die Kopie als eine Variation funktioniert.

Andererseits kann eine Kopie, die schwerlich als ein Ersatz für das Original dienen könnte, doch eindeutig eine Variation über es sein. Kopiert ein Künstler in seinem eigenen Stil ein Werk eines anderen Künstlers, das einen ganz anderen Stil hat, dann kann kontrastive Exemplifikation eine herausragende Rolle spielen. Rembrandt studierte Leonardo da Vincis Fresko des Letzten Abendmahls (Abb. 8) intensiv, wahrscheinlich nach einem Stich, und fertigte mindestens drei Zeichnungen an, die sich zunehmend von dem Gemälde entfernten. Die letzte Zeichnung (Abb. 9), alles andere als ein Ersatz für oder ein Memento an Leonardos Werk, ist eine *Interpretation* des Werks mit Rembrandts Mitteln – eine exemplarische Variation. Benesch schreibt:

10 Da der Ausdruck »Variation« in diesem Kapitel auf Variationen über ein Werk oder ein Werkteil beschränkt ist, wäre es bestenfalls leicht elliptisch, diese Gemälde als Variationen über Paris zu bezeichnen.

Die Zeichnung ist das Endergebnis der Studien Rembrandts nach Leonardos *Letztem Abendmahl.* Rembrandt hat die italienische Komposition vollständig in ein Werk seines eigenen kreativen Geistes umgewandelt. Das Ergebnis (...) ist eine größere dramatische Bewegung, die in der Umgebung des Heilands entsteht und in Wellen durch die Komposition rollt. Die Federstriche sind heftig, verworren und beben vor innerer Bewegung (...); indem er sie signierte und datierte, machte er deutlich, daß sie als etwas Eigenständiges angesehen werden soll.[11]

6. Die *Las Meninas*-Variationen

In der Malerei stellen die Studien Picassos über *Las Meninas* von Velázquez die eindrucksvollsten Variationen dar. Picasso sah das Bild (Prado Museum, Madrid) erstmals im Alter von vierzehn und skizzierte es; im Alter von sechsundsiebzig, gut dreihundert Jahre nach der Vollendung von *Las Meninas* (1656), malte er mehr als vierzig Variationen über es.

Das Bild von Velázquez zeigt die kleine Infantin im Mittelpunkt mit einem Ehrenfräulein an jeder Seite.[12] Zu unserer Linken steht Velázquez, Pinsel und Palette in der Hand, vor einer Leinwand (deren Rückseite gezeigt wird), an der er gerade gearbeitet hat. Dieses Werk, ein Porträt des Königs und der Königin, spiegelt sich teilweise in dem Spiegel im Hintergrund. Zur Rechten sind zwei Hofzwerge und der königliche Hund, hinter ihnen eine Gouvernante und ein Diener. Ganz hinten ist ein Palastverwalter, der die Tür auf-

11 Otto Benesch, *The Drawings of Rembrandt*, London: Phaidon 1954, 2, 106.

12 Die Infantin ist Margarita Maria; das Ehrenfräulein zu unserer Linken ist Maria Agustina Sarmiento, das zu unserer Rechten Isabel de Velasco. Die Zwerge sind Maria Bárbola und Nicolasico Pertusato, die Gouvernante Marcela de Ulloa, der Diener wahrscheinlich Diego Ruiz de Azcona. Der Palastverwalter ist José Nieto Velázquez. Der Name des Hundes ist nicht überliefert.

hält. Wahrscheinlich ist der Augenblick festgehalten, da die Sitzung gerade beendet ist und das königliche Paar das Atelier durchquert und es durch die für es aufgehaltene Tür verläßt; der Zwerg zur Rechten gibt dem Hund einen Schubs, damit er aus dem Weg geht.[13]

Das Gemälde war in den frühen Hofinventaren als »Das Familienbild« aufgeführt, wurde aber schließlich unter der Bezeichnung bekannt, die ihm im Katalog von 1843 gegeben wurde: »Las Meninas« oder »Die Ehrenfräulein«.[14] Warum ein Gemälde, dessen zentrale Figur die Prinzessin ist, schließlich nach ihren Begleiterinnen benannt werden sollte, ist wohl des Nachdenkens wert, und ich werde später auf diese Frage zurückkommen.

Denjenigen unter uns, die sich für Bezugnahme interessieren, bietet das Gemälde ein ungewöhnlich komplexes Netzwerk von sechs repräsentationalen Beziehungen an: Es repräsentiert das Doppelporträt, an dem arbeitend Velázquez gezeigt wird, und auch einen Spiegel im Hintergrund; der Spiegel repräsentiert (durch Spiegelung) das Doppelporträt und auch den König und die Königin; und das Doppelporträt und *Las Meninas* selbst repräsentieren auch den König und die Königin.[15] *Las Meninas* ist in manchen dieser speziellen Weisen, die in zahllosen Aufsätzen diskutiert wurden, einmalig und faszinierend. Aber Picasso interessiert sich in erster Linie für etwas ganz anderes. José Gudiol schreibt über Velázquez, daß im übertragenen Sinne »die beherrschende Leidenschaft seines Lebens (...), die in den *Ehrenfräulein* auf vollkommenste Weise verwirklicht wurde (...) in der ›gemalten Malerei‹ [painting paint] bestand«.[16]

13 Die Interpretation in diesem letzten Satz, die ich völlig überzeugend finde, stammt von Joel Snyder. Siehe sein »Las Meninas and the Mirror of the Prince«, *Critical Inquiry* 11 (1985), 571, Anm. 27.

14 Siehe José Gudiol, *Velázquez*, übers. v. Kenneth Lyons, New York: Viking 1974, 388.

15 Anmerkung 6 oben ist hier relevant.

16 Gudiol, *Velázquez*, 291.

Picasso teilte diese Leidenschaft, und sie erklärt zum großen Teil sein intensives und lebenslanges Interesse an diesem Meisterwerk der spanischen Malerei. In Verbindung mit seiner bekannten Zuneigung zu Kindern und Haustieren und der Tatsache, daß eine große Reproduktion des Gemäldes von Velázquez in seinem Atelier vorhanden war, muß ihn das dazu bewegt haben, das Bild als Thema für seine Variationen zu wählen. Aber seine Verehrung war von Rebellion begleitet. Picasso verbrachte sein Leben damit, nach allen Richtungen aus den traditionellen Seh- und Malweisen auszubrechen, und seine Variationsreihe stellt sowohl eine Verherrlichung des Velázquez dar, als auch, wie Lael Wertenbaker schreibt, »ein Resümee der pikturalen Repräsentationen von Form und Raum, die Picasso selbst in die moderne Kunst eingebracht hatte (...), eine Kristallisation von Picassos Lebenswerk«.[17] Kann es eine reichere Quelle für Variationen geben als eine derartige Kombination von Gemeinsamkeiten und Gegensätzen in den Sehweisen?

Picassos Variationen über *Las Meninas* gehören zu den achtundfünfzig Gemälden, die er in den letzten viereinhalb Monaten des Jahres 1957 anfertigte und datierte. Vierundvierzig der achtundfünfzig sind solche Variationen, eines (B. 40) ist ein Grenzfall[18], und die übrigen behandeln andere Sujets (zum Beispiel machte er sich im September für eine Woche von *Las Meninas* frei, um neun Ansichten aus seinem Atelierfenster zu malen).

Ein hervorstechendes gemeinsames Merkmal, das dieses

17 Lael Wertenbaker et al., *The World of Picasso 1887-1973*, New York: Time-Life Books 1976, 152.

18 Die Zahlen, denen ein »B« vorangestellt ist, reihen die Gemälde unter die achtundfünfzig in der Reihenfolge des Entstehens ein, wie sie im *Catalogo I, Museo Picasso* (Ayuntamiento de Barcelona, 1971) angegeben ist. B. 40 wird vom Museum nicht als eine Variation aufgeführt, anscheinend weil es, obwohl es auf der unteren linken Ecke von *Las Meninas* beruht, ein Klavier hinzufügt, das nicht auf dem Bild ist. Dieses auszuschließen sehe ich ebensowenig einen Grund wie für den Ausschluß musikalischer Variationen, die dem Thema etwas hinzufügen.

Thema und die Variationen durchzieht, ist die vollständige oder teilweise Abbildung eines gleichbleibenden Inhalts. Ein weiteres, subtileres, ist die früher erwähnte ›gemalte Malerei‹. Zu den Variablen gehören die Auswahl von Aspekten und Gefühlen, die die abgebildeten Leute haben und die ihnen entgegengebracht werden, zusammen mit Merkmalen der Zeichnung, Komposition und des Stils.

In der üblichen Katalogordnung ist seine Variationsreihe ziemlich chaotisch. Die chronologische Ordnung der Entstehung der Gemälde kann nicht als Hinweis auf die richtige Ordnung der Variationen verstanden werden; ein Komponist oder ein anderer Künstler arbeitet selten nacheinander von der ersten bis zur letzten Variation, sondern sprunghaft, wie ihm die Einfälle kommen. Für die Picassos, bei denen nicht wie in der Musik die Notwendigkeit besteht, eine Ordnung der Aufführung vorzuschreiben, gibt es, mit Ausnahme bestimmter kurzer Sequenzen, überhaupt keine ersichtliche Anordnung. Nichtsdestoweniger müssen die Gemälde in einer Reihenfolge angeschaut werden, und sie beziehen sich auf interessante Weisen aufeinander, die es nahelegen, sie in verschiedene verständliche und vielleicht erhellende Sequenzen zu arrangieren.

Als ein Beispiel sind neunzehn dieser Variationen auf den Farbtafeln[19] dargestellt, die dem Sujet entsprechend arrangiert wurden: Zunächst Variationen über die ganze Komposition des Velázquez oder einen Hauptteil von ihr; dann nacheinander Variationen über jede der drei Hauptfiguren auf ihm, und zwar von links nach rechts. Zunächst folgen dem vollständigen *Las Meninas* von Velázquez sechs Variationen von Picasso (B. 1, B. 31, B. 33, B. 14, B. 32, B. 47), die auf dem Ganzen oder dem zentralen Teil dieses Bildes beruhen. Als nächstes folgt das Ehrenfräulein linker Hand auf dem Velázquez, dem drei Variationen von Picasso (B. 3,

19 Die Größe der Originalgemälde variiert von ungefähr 24 mal 19 cm bis ungefähr 194 mal 240 cm.

B. 38, B. 39) über dieses Detail folgen. Dann die Prinzessin auf dem Velázquez, gefolgt von fünf Variationen (B. 4, B. 27, B. 15, B. 5, B. 17). Schließlich das Ehrenfräulein rechter Hand auf dem Velázquez, gefolgt von fünf Variationen (B. 46, B. 51, B. 53, B. 52, B. 58).

Die Auswahl und die Anordnung innerhalb jeder der vier Gruppen ist meine eigene, aber die leitenden Prinzipien werden aus den Abbildungen und den sie begleitenden Kommentaren ersichtlich. Wie jede andere Organisation schließt auch diese Interpretation ein, aber ohne jeden Anspruch, daß diese die einzige oder die beste Interpretation darstellt oder daß sie irgendwelche Interessen Picassos widerspiegelt. Es folgen einige Bemerkungen zu den Abbildungen.

1. *Velázquez,* Las Meninas.
2. Diese Variation Picassos ist auch chronologisch die früheste. Sabartés zufolge arbeitete Picasso nach einer großen Schwarzweißreproduktion; das vorliegende Gemälde hat wenig Farbe. Es sieht aus, als habe Picasso Velázquezs Farben herausgezogen als Vorbereitung zur Einführung seiner eigenen. Zwei andere Aspekte dieses Gemäldes sind besonders bemerkenswert. Erstens hat Picasso das Licht hereingelassen, hat die Fenster zur Rechten geöffnet, so daß das Tageslicht in den Raum fließt; das Licht in Picassos Atelier am Mittelmeer bricht herein. Zweitens hat er die Komposition zu einem Querformat auseinandergezogen. Dies legt meine Leserichtung von links nach rechts nahe. Die Figur des Velázquez ist hier zu einer Art Pappmaché-Gespenst geworden, erscheint dann in den anderen Variationen sehr klein. Das Ehrenfräulein zu unserer Rechten ist boshaft karikiert, wird aber später (19-23) in einer ganz anderen Erscheinung gezeigt. Aus der königlichen Dogge ist Picassos eigener Dachshund Lump geworden.
3. Die Elemente werden geometrischer, und leuchtende Farbe des zwanzigsten Jahrhunderts unterstreicht die komplexe Komposition.

4. Das Hochformat kehrt wieder.
5. Der Aufbau wird einfacher und fast kreisförmig, der Raum ist tief und vereinheitlicht; die Farbe düsterer; der Hund ist schwarz.
6. Ein flacheres, winkliges, geometrisches Muster aus klar abgegrenzten [hard-edged] Formen in Kontrastfarben taucht auf. Der Hund ist das lebendigste Element.
7. Die drei zentralen Figuren werden hier betont. Die Ehrenfräulein dominieren über die klein und kraftlos gewordene Prinzessin. Der Spiegel, der auf dem Velázquez den König und die Königin spiegelt, ist hier ein leeres Quadrat. Picasso war kein Royalist!
8. *Detail aus* Las Meninas: *das Ehrenfräulein linker Hand, Maria Agustina Sarmiento.*
9. Das beflissene Fräulein, mit Van Gogh-ähnlicher Eindringlichkeit gemalt, wird zu einer erregten, bedrohlichen Figur.
10. Nachdem die Wildheit gewichen ist, führt sie einen konzentrierten Akt der Hexerei auf.
11. Die Hexe erreicht einen Ausbruch des Zaubers in dem Augenblick, in dem sie Besitz ergreift.
12. *Detail aus* Las Meninas: *Prinzessin Margarita Maria.*
13. Die Prinzessin, fast monochrom gehalten, nimmt das Tablett aus den dienenden, aber zugreifenden Händen des Fräuleins entgegen.
14. Sich beißende Farben deuten inneren Aufruhr an.
15. Der Konflikt und der Schmerz nehmen auf diesem bezwingenden und klarsichtigen Porträt zu.
16. Die sich beißenden Farben sind gewichen und hinterlassen eine eintönige Aufzeichnung der Qual.
17. Hier ist das Leben zurückgekehrt, die Qual von Mut überdeckt, aber die Augen und der Mund enthüllen ergreifend, was darunter liegt.
18. *Detail aus* Las Meninas: *das Ehrenfräulein rechter Hand, Isabel de Velasco.*
19. Das Fräulein setzt zu einem Hofknicks an.

20.-22. Der Hofknicks entwickelt sich zu einem Tanz.

23. In dieser letzten Variation, die auch chronologisch die letzte ist, ist das Gemälde reicher, detaillierter und kommt vielleicht von allen Velázquez am nächsten. Die tanzende Figur steht in starkem Kontrast zu der Karikatur der Isabel de Velasco in der ersten und einigen anderen Variationen.

7. Modusübergreifende Variationen

Bis jetzt habe ich noch nichts über modusübergreifende Variationen gesagt. Einige Merkmale wie Gefühle und Aspekte der Kompositon und des Stils sind der Malerei und der Musik gemeinsam; und ein Werk in dem einen Medium kann auf ein Werk in einem anderen über solche Merkmale Bezug nehmen. Wie könnten musikalische Variationen aussehen, die Picassos gemalten Variationen über *Las Meninas* entsprechen? Der Komponist David Alpher war von dieser Frage so fasziniert, daß er einige Monate damit zubrachte, ein Thema und zweiundzwanzig Variationen – für Klavier, Oboe, Gitarre und Cello – zu komponieren, die mit dem Velázquez und einer Auswahl der Picassos in einem von mir vorgeschlagenen Arrangement in Beziehung standen.[20]

An einer früheren Stelle dieses Aufsatzes stellte ich die Frage nach dem *Warum* zurück – nach dem, was die Variation kognitiv und ästhetisch leistet. Die beste Antwort, denke ich, wird dadurch gegeben, daß man solche Beispiele wie die Variationen Picassos anschaut, daß man die Musik in Ver-

20 Alpher komponierte die *Las Meninas Variationen* 1985 für ein *Variationen* genanntes Programm, das auf einer dem vorliegenden Kapitel entsprechenden Vorlesung, den Dias und der Musik beruhte. Das Programm wurde in verschiedenen Formen an der Universität Helsinki, der Wayne State University, dem Rockport (Massachussetts) Kammermusik Festival, der Harvard University und der Trinity University (Texas) vorgestellt.

bindung mit einem solchen Anschauen hört und die Wirkung solcher Erfahrungen beobachtet. Variationen über ein Werk, ob im selben oder in einem anderen Medium – und Variationsreihen noch mehr –, sind Interpretationen des Werks; die Variationen Picassos funktionieren in dieser Weise genauso wie ein erhellender Essay über *Las Meninas*. Wie alle anderen Interpretationen in Farbe, Musik oder Worten sind Variationen Werke eigenen Rechts, obwohl es sein kann, daß sie das Thema vertiefen und das Thema sie vertieft. Variationen und Thema reflektieren einander; *Las Meninas* und die Picassos verlieren in gleichem Maße, wenn dem einen die anderen fehlen. Und beiläufig erklären die Picassos, die mehr als hundert Jahre später gemalt wurden, nachdem aus dem *Familienporträt Die Ehrenfräulein* geworden war, anschaulich diesen Wandel, indem sie zeigen, daß die Ehrenfräulein die psychologisch dominanten Personen der Szene sind. *(Goodman)*

V

Unsichtbare Sichten

1. Dilemma

In seiner Charakterisierung der kognitiven Psychologie schreibt Howard Gardner, daß »man beim Sprechen über kognitive Aktivitäten des Menschen notwendigerweise über mentale Repräsentationen sprechen muß«.[1] Die Literatur zur kognitiven Psychologie bietet derartige hochinteressante Rede in Fülle einschließlich detaillierter Berichte über das Vorkommen von Vorstellungsbildern und über Experimente über sie. Doch von ihren Anfängen an ist die kognitive Psychologie in einen Kampf auf Leben und Tod gerade über die Existenz von Bildern im Bewußtsein hineingezogen worden. Manchmal haben die gewissenhaftesten Darstellungen eines Psychologen über Phänomene von Vorstellungsbildern den Geruch von Traktaten leidenschaftlicher Anhänger von fliegenden Untertassen. Und die Hitze des Disputs erhält durch den hartnäckigen Widerstand von Behavioristen, Physikalisten und bissigen Philosophen neue Nahrung.

In der vorliegenden Erörterung wird der Ausdruck »Vorstellungsbild« (mental image) für Bilder des Gedächtnisses und der Imagination gebraucht im Unterschied sowohl zu materiellen Bildern wie etwa Gemälden als auch zu optischen und anderen Bildern der Sinne. Ich werde jedoch oft für »Vorstellungsbild« das kürzere »Bild« (image) verwenden und setze »Vorstellung« (mental) als geklärt voraus. [Wo Unklarheiten wegen des gleichlautenden »Bild« (picture)

1 *The Mind's New Science*, New York: Basic Books 1985, 6. Zwei Kapitel dieses Buches sind für unsere gegenwärtige Erörterung besonders relevant: Kapitel 1 über die unterscheidenden Merkmale der kognitiven Psychologie, und Kapitel 11 über die Frage, ob es sich bei den Vorstellungsbildern selbst um bloße ›Erfindungen der Einbildungskraft‹ handelt.

entstehen könnten, behalte ich den längeren Ausdruck »Vorstellungsbild« bei und verwende sonst »Vorstellung«. A. d. Ü.] Obwohl Vorstellungsbilder ›Bilder in dem Bewußtsein‹ einschließen, sind sie nicht piktural; einige sind zum Beispiel musikalisch und einige sind sprachlich.[2]
Andererseits sprechen wir ziemlich überzeugt von den Vorstellungsbildern, die wir haben, von ihrer Deutlichkeit oder Vagheit, von vorhandenen oder fehlenden Details, von der Manipulation und dem Experimentieren mit solchen Bildern. Wir können sie beschreiben, bildlich darstellen, sie mit anderen Bildern oder ihren Objekten vergleichen. Wir wissen, was es heißt, daß der Versuch, ein Vorstellungsbild heraufzubeschwören, gelingt oder fehlschlägt, und wir können unsere eigene Erfahrung von Vorstellungsbildern mit der anderer Leute vergleichen. Tatsächlich ist ein Diskurs über Vorstellungsbilder in diesem Sinne kaum weniger intersubjektiv als ein Diskurs über Gegenstände. Und unsere Rede über Vorstellungsbilder, die für die kognitive Psychologie so zentral ist, scheint gewiß nicht aus Märchen zu bestehen, sondern scheint wichtig, wesentlich und wissenschaftlich zu sein. Daß wir Vorstellungsbilder haben und über sie ganz glaubwürdig berichten können, läßt sich nicht bestreiten, nicht wahr?
Und doch – und doch – was *sind* andererseits diese Bilder im Bewußtsein? Sie sind Bilder, die nicht gemalt, gezeichnet, gestochen, fotografiert wurden – nicht in irgendeinem materiellen Medium sind. Und man kann sie nicht sehen, nicht berühren, alles in allem nicht wahrnehmen. Ein visuelles Bild kann man nicht sehen (denn Sehen erfordert, daß man etwas vor seinen Augen anschaut); ein Hör-Bild erzeugt kein Geräusch; und der Schmerz in meiner Zehe, den ich mir jetzt vorstelle, schmerzt nicht. Andererseits, was immer Vorstellungsbilder auch sein mögen, wo befinden sie sich?

2 Über sprachliche Bilder siehe ferner *MM*, 21-28, dt. 40-50. Das vorliegende Kapitel ist eine Fortsetzung dieser Erörterung, die den Titel »Über Gedanken ohne Worte« trägt.

Es gibt kein kleines Kino im Kopf, in dem diese Bilder auf eine Leinwand projiziert werden, und es gibt dort niemanden, der sie in irgendeiner Weise anschaut. Wenn man uns fragt, was oder wo Vorstellungsbilder sind, geraten wir ins Stocken. Unsere Antworten fallen negativ aus und widerlegen sich selbst. Wenn das Vorstellungsbild zur Verhandlung geht, reicht die Aussage der Verteidigung schon zur Verurteilung aus. Das Vorstellungsbild scheint nicht vorstellbar zu sein, eine reine Erfindung der Einbildungskraft! Oder weniger gestelzt ausgedrückt scheint die Schlußfolgerung, daß es keine Vorstellungsbilder gibt, unausweichlich zu sein.

Wie sollen wir aus diesem Dilemma herausfinden? Sollen wir beschließen, daß die Rede von Vorstellungsbildern im Alltagsleben und in der kognitiven Psychologie unentbehrlich und wahrheitsgetreu ist, und die beschämenden, von Philosophen und anderen Unruhestiftern gestellten Fragen stillschweigend ertragen? Oder sollen wir beschließen, daß niemand mit normalem Bewußtsein dort je irgendwelche Vorstellungsbilder finden könnte, und auf die Rede von Vorstellungsbildern wie auf so manches leere Wortgeklingel verzichten? Ich vermute, daß wir beide Hörner des Dilemmas erwischt haben: daß wir sinnvoll über Vorstellungsbilder reden können und daß es keine gibt.

2. Psychologie und Mythologie

Nachdem ich mich selbst in diese Ecke manövriert habe, sollte ich wohl besser das Thema wechseln. Sprechen wir also von Kentauren oder von Don Quijote. Ein Kentaur hat Kopf und Torso eines Mannes und das Hinterteil eines Pferdes; er hat vier Beine, nicht zwei oder sechs, und keine Hörner. Don Quijote trägt einen Bart und ist Spanier und nicht Grieche. Er ist auf eine heroische und mitreißende und entzückende Weise bekloppt, reitet auf einem Pferd mit Namen Rosinante und hat einen Diener mit Namen Sancho Pansa. Wir können Kentauren von Einhörnern und Meerjungfrauen und Don Quijote von Winston Churchill und Rip van Winkle unterscheiden. Kurz, wir wissen einiges über Kentauren und über Don Quijote. Und doch, und doch, es gibt keine Kentauren, es gibt keinen Don Quijote. Wie kann ich dann etwas über sie wissen? Zunächst, es gibt zwar keine Kentauren, aber es gibt Beschreibungen, Erzählungen, Bilder von ihnen.[3] Und wir wissen in dem Umfange etwas über Kentauren, als wir Beschreibungen oder Bilder von Kentauren beurteilen oder herstellen können, Beschreibungen und Bilder, die von Kentauren handeln, von solchen trennen können, die es nicht tun, richtige akzeptieren und verkehrte ablehnen oder kritisieren oder revidieren können. Aber ist dies nicht eine Petitio principii? Denn wenn es keine Kentauren gibt, wie kann es dann Bilder *von* ihnen geben? Unsere Sprache führt uns hier in die Irre. Ein Bild, das ein Bild eines Kentauren sein soll, oder eine Beschreibung, die eine Beschreibung Don Quijotes sein soll, bildet nicht tatsächlich etwas ab oder beschreibt es, da nichts da ist, was von ihnen beschrieben oder abgebildet werden könnte. Vielmehr handelt es sich um Bilder oder Beschreibungen, die zu bestimmten Arten gehören; und um verlockende, verkehrte Ableitungen zu unterbinden, sollten wir sie besser Kentaur-Bild beziehungsweise Don Quijote-Beschreibung nennen. Wir teilen fiktive Bilder und Beschreibungen nicht aufgrund dessen ein, daß wir etwas geprüft haben, was sie abbilden oder beschreiben, sondern – genauso wie wir Möbel in Stühle, Tische, Schreibtische und so weiter einteilen – aufgrund dessen, daß wir die Anwendung der fraglichen Prädikate gelernt haben.

Was wir vorgeblich über Kentauren oder Don Quijote ge-

3 Die hier folgende Erörterung ist die Anwendung einer Idee, die in meinen Aufsätzen »On Likeness of Meaning« (1949) und »On Some Differences about Meaning« (1953) erläutert wird. Beide sind wiederabgedruckt in *PP*, 221-238.

sagt haben, muß daher mit Hilfe des Diskurses über Kentaur- (oder Don Quijote-) Bilder oder -Beschreibungen interpretiert werden. Wenn wir sagen, daß Kentauren sich von Einhörnern und von Don Quijote unterscheiden, wollen wir nicht beim Wort genommen werden; denn streng genommen sind, da keines von ihnen existiert, alle Kentauren Einhörner, alle Einhörner sind Kentauren, und Don Quijote ist sowohl Einhorn als auch Kentaur. Zu wissen, daß Kentauren sich von Einhörnern und von Don Quijote unterscheiden, heißt zu wissen, daß Kentaur-Bilder und -Beschreibungen sich von Einhorn-Bildern und -Beschreibungen und von Don Quijote-Bildern und -Beschreibungen unterscheiden. Was wir gewöhnlich Wissen über Kentauren oder Don Quijote nennen, ist, sorgfältig ausgedrückt, Kentaur-Wissen oder Don Quijote-Wissen.

Natürlich ist die Pointe meiner Abschweifung ins Reich der Fabel schon seit einiger Zeit offensichtlich geworden. Wenn wir vernünftig und verantwortlich über (das heißt, vorgeblich über) Kentauren, obwohl es keine gibt, und über Don Quijote, der niemals existierte, sprechen können, können wir dann vielleicht ebenso über Vorstellungsbilder sprechen, obwohl es keine gibt.[4] Kann ich sagen, daß es keine Vorstellungen gibt und dennoch ziemlich deutlich und wahrheitsgetreu sagen, daß ich jetzt ein Bild von Capri im Bewußtsein habe? Ja, wenn diese Vorstellung zu haben mit Hilfe meiner Fähigkeit konstruiert wird, Beschreibungen oder Bilder der

4 Nachdem ich dieses Kapitel geschrieben hatte, stellte ich fest, daß eine zentrale These – die Übereinstimmung der Rede über Vorstellungsbilder mit der Fiktion – und einige andere Punkte in zwei von Daniel Dennetts Schriften enthalten waren: *Brainstorms* (Cambridge, Mass.: MIT Press 1978), Kapitel 10 »Two Approaches to Mental Images«, 172-180; und »How to Study Human Consciousness Empirically, or Nothing Comes to Mind«, *Synthese* 53 (1982), 159-180. Meine Entwicklung dieser Ideen erwuchs aus meiner früheren Arbeit über Ähnlichkeit der Bedeutung, fiktive Repräsentation und ›Gedanken ohne Worte‹ und nimmt wesentlich auf meine ganze Behandlung der Weisen, wie fiktionale und andere Symbole funktionieren, Bezug.

Vorstellung zu beschreiben, bildlich darzustellen oder auseinanderzuhalten – obwohl irgendwelche Beschreibungen oder Darstellungen, die ich herstelle oder vorfinde, keine Beschreibungen oder Darstellungen *von* der Vorstellung sind, sondern vielmehr Vorstellungs-Beschreibungen und Vorstellungs-Darstellungen.

Wenn es hier den Anschein hat, als steuerten wir darauf zu, kognitive Psychologie der Mythologie oder der Fiktion einzuverleiben, mag dies für einige eine unerfreuliche Aussicht darstellen, obwohl sie kaum unangemessen sein kann, wenn Konferenzen zu dem Thema inzwischen schon Romanschriftsteller und Operndirektoren zusammen mit Psychologen einbeziehen.[5] Aber wir wollen Jammer und Jubel zurückstellen, bis wir uns die Voraussetzungen etwas näher angesehen haben.

Zunächst sollte festgehalten werden, daß mein Vergleich der Psychologie mit der Fiktion ebensowenig die Echtheit der Vorstellungsbilder leugnet wie ich die Echtheit des Kentaur-Wissens oder des Don Quijote-Wissens leugne. Kentaur-Beschreibungen oder Don Quijote-Bilder können richtig oder verkehrt sein. Wenn wir Nachforschungen über sie anstellen, gehen wir zurück zur klassischen Literatur und Ikonographie[6] beziehungsweise zu den Werken des Cervantes und seiner Kommentatoren und Illustratoren und so weiter. Wenn wir die Rede über Vorstellungsbilder kontrollieren, haben wir keine griechischen Sagen oder spanischen Erzählungen, sondern eher etwas, das einer unausgesetzten Seifenoper oder mehreren von ihnen ähnelt – einen wachsenden Korpus aus unserem eigenen verbalen und pikturalen Diskurs und dem anderer und den Berichten von Psychologen. Daher gibt es in allen diesen Fällen Standards der Richtigkeit – keine umfassenden, absoluten, fixierten Standards, aber

5 Dies bezieht sich auf die 1986 in London abgehaltene Konferenz »Images and Understanding«; eine frühere Fassung des vorliegenden Kapitels war ein Beitrag zu dieser Konferenz.

6 Und zu späteren Autoren wie etwa John Updike!

Standards von einer gewissen Stabilität. Und das ist in der Tat alles, was uns für den Diskurs über abwesende, tatsächliche Gegenstände zur Verfügung steht (*WW*, 109-140, dt. 134-170). Sogar bei vorhandenen Gegenständen rührt normalerweise ein ziemlich kleiner Teil unseres Wissens von direkter Überprüfung her. Fragen über das Leben Don Quijotes stehen der Untersuchung ebenso offen wie Fragen über das Napoleons; und ob vorgebrachte Antworten richtig oder verkehrt sind, läßt sich in beiden Fällen berechtigterweise diskutieren. Psychologie und Mythologie hängen in fast derselben Weise miteinander zusammen, und keine der beiden braucht sich aufgrund seiner Verwandtschaft mit der anderen herabgesetzt zu fühlen.

3. Vorstellungsbilder und Handlung

Die Übersetzung von Rede über nichts in Rede über etwas bereitet oft einige Mühe. Ich sagte vor kurzem, daß Kentauren sich von Einhörnern dadurch unterscheiden, daß Kentaur-Darstellungen und -Beschreibungen sich von Einhorn-Darstellungen und -Beschreibungen unterscheiden. Wir können zu »Kentaur-Darstellungen und -Beschreibungen und Einhorn-Darstellungen und -Beschreibungen« wohl noch »und Kentaur-Vorstellungen und Einhorn-Vorstellungen« hinzufügen, da sich auch Kentaur-Vorstellungen und Einhorn-Vorstellungen voneinander unterscheiden. Dann aber müssen wir uns in Erinnerung rufen: Da es ja keine derartigen Vorstellungsbilder (oder irgendwelche anderen Vorstellungsbilder) gibt, muß die vorgebliche Rede über sie in derselben Weise behandelt werden wie die Rede von Kentauren und Einhörnern; die erweiterte Aussage lautet also: Kentauren unterscheiden sich von Einhörnern dadurch, daß Kentaur-Darstellungen und -Beschreibungen sich von Einhorn-Darstellungen und -Beschreibungen unterscheiden, und dadurch, daß Darstellungen und Beschrei-

bungen von Kentaur-Vorstellungen sich von Darstellungen und Beschreibungen von Einhorn-Vorstellungen unterscheiden.
Dies bringt die Frage zur Sprache, wie sich eine bildliche Darstellung einer Vorstellung, etwa eine bestimmte Darstellung einer Kentaur-Vorstellung oder eine Darstellung einer Pferd-Vorstellung, von einer Kentaur-Darstellung oder einer Pferd-Darstellung unterscheiden läßt. Eine verschwommene Pferd-Darstellung ist sicher keine Darstellung eines verschwommenen Pferdes; das Verschwommensein gehört zu der Darstellung oder der Vorstellung. Aber ist die Darstellung vor uns eine verschwommene Darstellung eines Pferdes, eine verschwommene Darstellung einer Pferd-Vorstellung oder eine Darstellung einer verschwommenen Pferd-Vorstellung? Ist sie, heißt das, eine verschwommene Pferd-Darstellung, eine verschwommene Darstellung einer Pferd-Vorstellung oder eine Darstellung einer verschwommene-Pferd-Vorstellung? Manchmal ist dies ungewiß, und es kann sein, daß wir auf Beschreibungen, sprachliche Berichte und Antworten auf Fragen achten müssen. Aber diese können nicht immer für bare Münze genommen werden. Die Bitte, eine gegebene Vorstellung als solche zu beschreiben, wird leicht verwechselt mit der Bitte, zu sagen, wovon sie eine Vorstellung ist. Des weiteren werden solche Sonderbarkeiten der Abbildung selten berücksichtigt wie etwa die, daß ein Bild eines Pferd-Bildes nicht immer ein Bild eines Pferdes ist, daß ein Bild eines Bildes keine Kopie von ihm zu sein braucht, daß einige (abstrakte) Bilder nicht einmal fiktiv Bilder von etwas sind und daß ein Bild eines Bildes von nichts doch ein Bild von etwas ist. Komplikationen dieser Art sind für unsere jetzige Erörterung nicht charakteristisch, sondern entstehen in der zugrundeliegenden allgemeinen Theorie der Repräsentation. Ich erwähne sie hier lediglich, um zu zeigen, in welcher Weise die Straffung der ungenauen Rede über Vorstellungen sehr viel Sorgfalt erfordern kann.

Was ist angesichts all dessen zu tun? Vielleicht könnten wir, solcher Spitzfindigkeiten überdrüssig, schließlich dazu neigen, alle Rede über nichts als nichts wert über Bord zu werfen, alle vorgebliche Rede über Vorstellungsbilder als Unsinn zu verwerfen. Aber dies würde bedeuten, einen unverzichtbaren Teil des alltäglichen und psychologischen Diskurses mit Gründen zu verwerfen, die auch, nicht weniger plausibel, dazu dienen würden, die Werke von Cervantes und Shakespeare zu verwerfen.

Im Gegensatz dazu kann der kognitive Psychologe erfreut sein zu hören, daß es eine Möglichkeit gibt, der Rede über Vorstellungsbilder Sinn zu verleihen, und sich mit dem Gedanken trösten, daß die Verfügbarkeit eines automatischen Prozesses zur Reinigung der Rede von Vorstellungen ihm die Freiheit läßt, so exakt wie zuvor weiterzufahren und alle Zweifel an den Philosophen zu verweisen. Aber die Behandlung der Rede über Vorstellungen bedeutet keine prompte und bequeme Entfernung einiger Pseudoentitäten; sie läuft nicht auf eine Übersetzung mit Hilfe routinemäßiger Anwendung einer simplen Formel hinaus. Obwohl ich von ihr etwas ungenau als von einer Übersetzung gesprochen habe, ist sie das wohl kaum; denn Übersetzung von Unsinn wäre vermutlich immer noch Unsinn. Was geschieht, ist vielmehr eine Ersetzung vorgeblicher Aussagen über Vorstellungen durch Aussagen über Gegenstände und Ereignisse. Das kann nicht unkritisch solange liegengelassen werden, bis die psychologischen Untersuchungen in normalem Sprachgebrauch durchgeführt worden sind; denn unsere Rede über Vorstellungen stellt im unbearbeiteten Rohzustand ein schreckliches Durcheinander dar. Sowohl die Aussage, daß es keine Vorstellungsbilder gibt, als auch die Aussage, daß ich eines in meinem Bewußtsein habe, als bare Münze zu akzeptieren, heißt auf jegliche Konsistenz zu verzichten. Wenn wir die erste Aussage aufgeben und sagen, daß es Vorstellungsbilder *gibt*, stehen wir zahllosen unbeantwortbaren Fragen danach gegenüber, was und wo sie sind. Deshalb habe ich vorgeschlagen, die zweite Aussage durch Aussagen zu ersetzen, die Vorstellungs-Bilder und -Beschreibungen behandeln.[7] Wir müssen Vorstellungsbildern nicht mehr nachjagen, nicht mehr, als wir Kentauren nachjagen müssen. Wenn jedoch zufällig eines Tages ein Kentaur vorbeikommt, können wir uns darauf leicht und ohne große Probleme einstellen; wenn sich dagegen ein Vorstellungsbild selbst befreite und vor mir auf den Schreibtisch fiele, bezweifle ich, ob ich es als solches erkennen könnte. Wirklich wichtig ist nur, daß wir nicht darauf festgelegt sind, daß es irgendwelche Kentauren oder Vorstellungsbilder gibt; wir sind aber auch nicht darauf festgelegt, daß es keine gibt.

Schließlich werfen Interpretationen der Rede von Vorstellungen, die den hier vorgelegten Zeilen folgen, ein anderes Licht auf die kognitive Psychologie. Eine Vorstellung zu haben läuft nicht darauf hinaus, ein immaterielles Bild in etwas, das Bewußtsein genannt wird, zu besitzen, sondern darauf, bestimmte Fertigkeiten zu besitzen und auszuüben – eine Frage der Herstellung, Beurteilung und Revision bestimmter materieller Bilder und Beschreibungen. Der Aussage Howard Gardners, daß »man beim Sprechen über kognitive Aktivitäten des Menschen notwendigerweise über mentale Repräsentationen sprechen muß«, sollten wir vielleicht einen Satz anfügen: »aber das Sprechen über mentale Repräsentationen erweist sich letztendlich als ein Sprechen über kognitive Aktivitäten«.

7 Wer sich dadurch behindert fühlt, daß ihm die Erlaubnis, so zu reden, als gebe es Vorstellungsbilder, entzogen wird, der kann weiterhin sagen, daß es Vorstellungsbilder gibt, und zwar unter der Voraussetzung, daß es so verstanden wird, daß zumindest irgend jemand ein Vorstellungsbild hat und dies in der oben skizzierten Weise interpretiert wird.

Ironischerweise stellt der abschließende Aufsatz einer Konferenz über Vorstellungsbilder und Verstehen[8] die ganze Auffassung von Vorstellungen als Bildern im Bewußtsein in Frage. Und trotz meiner ziemlich nachdrücklichen Versicherung, daß vieles vom alltäglichen und wissenschaftlichen Diskurs, das vorgeblich über Vorstellungen handelt, wichtig und gültig sein kann, mag der Physiologe, Neurologe und Psychologe, der über das Erkennen arbeitet, ein wenig bestürzt sein. Als ein Philosoph, der der kognitiven Psychologie seit langem verbunden ist, verdamme ich keinesfalls alles, was kognitive Wissenschaftler sagen und tun, sondern versuche vielmehr, einiges davon zu klären. Da die Rede von ›Bildern im Bewußtsein‹ buchstäblich verstanden Unsinn ist und metaphorisch verstanden der sorgfältigen Interpretation bedarf, kann sie in hohem Maße irreführend sein.

Eine Analogie mag hier weiterhelfen. Wir alle haben Verpflichtungen, von denen einige höher anzusetzen sind als andere. Aber anzunehmen, daß es solche Dinge, solche Entitäten wie Verpflichtungen gibt, bedeutet, das Risiko vollkommener Verwirrung einzugehen, die sich vermeiden läßt, wenn wir eher davon sprechen, daß wir dafür verantwortlich sind, etwas so und so zu tun, in einer bestimmten Weise zu handeln, und dann fragen, was dies beinhaltet. In ähnlicher Weise habe ich in einer früheren Erörterung (*MM*, 21-28, dt. 40-50) angeregt, daß ein Vorstellungsbild zu haben mit Hilfe der Fähigkeit konstruiert werden kann, bestimmte Aktivitäten auszuführen; zum Beispiel kann von mir in dem Ausmaß gesagt werden, daß ich eine Pferd-Vorstellung im Bewußtsein habe, indem ich in der Lage bin, ein Pferd zu beschreiben oder zu zeichnen, Beschreibungen und Bilder in solche zu sortieren, die Beschreibungen und

8 Siehe Anm. 5 oben.

Bilder von Pferden sind, und solche, die es nicht sind, fehlerhafte Beschreibungen und Bilder von Pferden zu kritisieren und zu revidieren.

Wenn ein Physiologe in der Tat sagt, daß ein bestimmtes Vorstellungsbild aus einem bestimmten Muster von Zellimpulsen in der Hirnrinde besteht, dann berichtet er über sorgfältige wissenschaftliche Forschung. Aber wie hat er diese Formulierung bestätigt? Sicherlich dadurch, daß er sie nicht vor dem Hintergrund von Bildern überprüft, die er im Gehirn findet und untersucht, sondern vor dem Hintergrund sprachlicher Berichte und anderer Verhaltensweisen der Versuchsperson. Eine solche physiologische Darstellung und die Art der philosophischen Darstellung, wie ich sie skizziert habe, ergänzen einander. Fügen wir sie zusammen, dann erhalten wir mit einigen Auslassungen ungefähr folgendes: Wenn Impulse der erforderlichen Art in bestimmten Zellen vorkommen, kann die Versuchsperson in einem gewissen Ausmaß Beschreibungen oder Bilder eines Pferdes herstellen, sortieren, kritisieren, revidieren. Die ›Vorstellung‹ und ›das Bild im Bewußtsein‹ sind verschwunden; mythische Erfindungen sind auf vorteilhafte Weise entfernt worden. Natürlich können wir im weniger formalen Diskurs ungenau von Vorstellungen oder Bildern sprechen, sofern wir uns dessen bewußt bleiben, daß diese Rede Gefahren birgt und der sorgfältigen Interpretation bedarf. Ihre Gefahren und die Schwierigkeiten ihrer Interpretation nehmen zu, wenn der Kontext wie bei der Rede von Rotationen und anderen Manipulationen mit Vorstellungsbildern komplexer wird. Wie Roger Shepard voll und ganz erkennt,[9] müssen wir die informelle Rede über rotierende Vorstellungsbilder in einer Weise konstruieren, die nicht voraussetzt, daß es Bilder gibt, die im Kopf herumwirbeln.

Daher mag die Überzeugung, daß es im buchstäblichen Sin-

9 In einer Nachschrift, die er für einen Band vorbereitete, der auf der Konferenz »Images and Understanding« beruht.

ne keine Bilder im Kopf gibt, zwar manche Arbeit in der Psychologie in Frage stellen, sie verträgt sich jedoch voll und ganz mit den Zielen der kognitiven Wissenschaft.[10]

(*Goodman*)

10 Gewinn habe ich gezogen aus Robert Schwartzs brillantem Aufsatz »Imagery – There's More to It Than Meets the Eye«, *PSA 1980*, 2, ed. P. D. Asquith and R. N. Giere (East Lansing: Philosophy of Science Association, 1981), 285-301.

VI

Beharrung und Erfindung

Die Ausdrücke »Konvention« und »konventionell« sind auf ganz offenkundige und verwickelte Weise ambigue. Auf der einen Seite ist das Konventionelle das Gewöhnliche, das Übliche, das Traditionelle, das Orthodoxe gegenüber dem Neuartigen, dem Abweichenden, dem Unerwarteten, dem Heterodoxen. Andererseits ist das Konventionelle das Artifizielle, das Erfundene, das Fakultative gegenüber dem Natürlichen, dem Fundamentalen, dem Obligatorischen. Daher können wir unkonventionelle Konventionen (unübliche Kunstgriffe) und konventionelle Nichtkonventionen (vertraute Tatsachen) haben. Die beiden Verwendungen von »Konvention« sind nicht nur verschieden, sondern fast einander entgegengesetzt – jedoch nicht ganz; denn zu sagen, daß etwas üblich ist, bietet einen gewissen Anhaltspunkt dafür, daß es weniger übliche Alternativen gibt; und was, ohne Alternativen, obligatorisch ist, das ist üblich.

1. Das Fakultative

Die Philosophen haben sich in erster Linie für die Konvention als eine erfundene Form interessiert, die einem uninterpretierten Inhalt übergestülpt wird. Manchmal zielen sie darauf ab, den Kunstgriff aufzulösen, um die reine Tatsache zu entdecken, manchmal einfach darauf, die Anteile von Konvention und Inhalt zu unterscheiden. Aber das Konventionelle als das Übliche, das Gewohnheitsmäßige, kann nicht als ein bloß populärer Gebrauch, der regelmäßig Verwirrung stiftet, abgetan werden, denn es spielt in einigen theoretischen Kontexten eine wichtige Rolle. Zum Beispiel schreibt in einem neueren Aufsatz zur Literaturtheorie der Autor:

»In diesem Essay bezieht ›Konventionen‹ sich auf *Manifestationen gemeinsamer Praxis.*«[1] Aber ich werde zunächst Konvention im Gegensatz zu Inhalt, das Konventionelle als das Fakultative oder Artifizielle im Gegensatz zum Obligatorischen oder Faktischen betrachten.

Nehmen wir die Bewegung des Mondes. Der Mond rotiert, insoweit seine Orientierung zur Sonne sich in einer bestimmten regelmäßigen Weise ändert, aber er ist in seiner Achse fixiert, insoweit seine Orientierung zur Erde sich nie verändert. Rotiert er also oder rotiert er nicht? Nun, ja und nein. Wenn das widersprüchlich zu sein scheint, sagen wir gerne, daß der Mond relativ zur Sonne rotiert, aber nicht relativ zur Erde. Aber dies ist eine etwas trügerische Sprechweise; denn zu sagen, etwas ›bewege sich relativ zu‹ etwas anderem, bedeutet nicht, daß man ihm überhaupt irgendeine Bewegung zuschreibt. Zu sagen, daß der Mond relativ zu der Sonne rotiert, ist ganz und gar mit der Redeweise verträglich, daß die Sonne um einen feststehenden Mond kreist. Und zu sagen, daß der Mond relativ zur Erde nicht rotiert, ist ganz und gar damit verträglich, daß die Erde um einen rotierenden Mond kreist und ebenso mit der Redeweise, daß sowohl die Erde als auch der Mond still stehen. Um keinen falschen Eindruck entstehen zu lassen, sollte man vielleicht einfach sagen, daß verschiedene Seiten des Mondes der Sonne zu verschiedenen Zeiten zugekehrt sind und daß dieselbe Seite des Mondes zu allen Zeiten der Erde zugekehrt ist. Nichts mehr über Rotation, Stillstand, Umdrehung; in der Tat auch nichts mehr über Bewegung. Bewegung verschwindet aus der Sphäre der Tatsachen. Und das wäre von Anfang an zu erwarten gewesen, wenn die Frage »Rotiert der Mond oder nicht?« mit »Das hängt davon ab, was wir als Bezugsrahmen nehmen« beantwortet wird. Es hängt davon ab, was wir tun; wir *erzeugen* die Rotation oder das Stillstehen des

1 Steven Mailloux, »Rhetorical Hermeneutics«, *Critical Inquiry* 11 (1985), 638, Anm. 5.

Mondes. Bewegung ist fakultativ, eine Frage der Konvention, der Erfindung, die dem, was wir vorfinden, übergestülpt wird.

2. Das Obligatorische

Was *ist* dann aber vorgefunden? Die Größe und die Gestalt des Mondes variieren, so scheint es, entsprechend der Geschwindigkeit und der Richtung seiner Bewegung. Wenn daher Bewegung eine Frage der Konvention ist, dann sind Größe und Gestalt es auch, und diese müssen also von der Tatsache subtrahiert werden. Und natürlich ist jede Beschreibung mit Hilfe der Sonne, des Mondes, der Erde und so weiter insoweit konventionell, als es alternative, gleichberechtigte Versionen mit Hilfe anderer Begriffe gibt. Organisierung in diese vertrauten Einheiten ist wie die Organisierung von Sternen in Sternbilder fakultativ (*MM*, 40-42, dt. 66-68). Alle Tatsachen drohen sich in Konvention aufzulösen, alle Natur in Kunstgriffe.

Wahrscheinlich werden Sie sich dem nicht anschließen, sondern dagegen protestieren: »Wieso kann es keine Tatsache geben, keinen Inhalt, sondern nur alternative Weisen, nichts zu beschreiben? Sicher muß es etwas geben, das beschrieben wird, wieviele verschiedene Weisen, es zu beschreiben, es auch immer gibt. Es muß eine Grenze geben zwischen dem, was es gibt, und wie wir es beschreiben.«

Ganz recht. Die beiden Aussagen über den Mond sind insoweit Alternativen, als sie etwas beschreiben, was sie gemeinsam haben: insoweit sie von denselben Gegenständen handeln, mit bestimmten Beobachtungen, Messungen und Prinzipien übereinstimmen und in gewisser Weise Beschreibungen derselben Tatsachen sind. Doch diese Gegenstände, Beobachtungen, Messungen, Prinzipien sind selbst konventionell; diese Tatsachen sind Geschöpfe ihrer Beschreibungen. Zwei Versionen handeln ›von denselben Tatsachen‹ in dem Ausmaß, als sie einige Ausdrücke gemeinsam haben, einige identische oder verwandte Begriffe umfassen, sich ineinander übersetzen lassen. Jede Konvention hängt von der Tatsache ab, doch jede Tatsache ist Konvention.

3. Die fakultative Unterscheidung

Ist die Unterscheidung zwischen Konvention und Tatsache also unverzichtbar, aber bedeutungslos? Ich meine vielmehr, daß *die Unterscheidung selbst konventionell ist.* Das ist natürlich bedeutungslos, wenn die Unterscheidung zwischen Konvention und Tatsache bedeutungslos ist. Und wenn alle Tatsachen Konventionen sind und alle Konventionen Tatsachen, wie kann dann die Unterscheidung Bedeutung haben, insbesondere für einen nüchternen Extensionalisten?

Nehmen wir für einen Augenblick die Ausdrücke »unmittelbarer Vorgänger« und »unmittelbarer Nachfolger« in ihrer Anwendung auf ganze Zahlen oder auf die Reihe von Minutenstrichen im Uhrzeigersinn auf einem Zifferblatt. Jede ganze Zahl beziehungsweise jeder Strich ist sowohl ein unmittelbarer Vorgänger als auch ein unmittelbarer Nachfolger, und dennoch löst sich die Unterscheidung zwischen »unmittelbarer Vorgänger« und »unmittelbarer Nachfolger« nicht auf. Denn sie sind keine kategorialen Ausdrücke, die eine Sphäre in verschiedene Klassen sortieren, sondern relationale Ausdrücke. Das gilt auch für die Ausdrücke »Ruhe« und »Bewegung«. Sie sortieren nicht Körper in Klassen; alle Körper sind in Ruhe und in Bewegung. Und es gilt auch für »konventionell« und »faktisch«. Sie sortieren nicht Aussagen oder Versionen in Klassen, sondern beziehen Versionen auf einander.

Mit anderen Worten können zwei Ausdrücke, die genau auf dieselben Dinge zutreffen, entsprechende Zusammensetzungen haben, die auf ganz andere Dinge zutreffen. Die soeben diskutierten Paare von Ausdrücken gehören zu den Fällen, die ich an anderer Stelle als Bedeutungsunterschied aufgrund des Unterschieds der sekundären Extensionen erläutert habe. Obwohl alle Kentauren Einhörner sind und alle Einhörner Kentauren, weil es schlicht keine Kentauren und keine Einhörner gibt, unterscheiden sich »Kentauren« und »Einhörner« doch der Bedeutung nach insoweit, als bestimmte entsprechende Zusammensetzungen aus ihnen nicht koextensiv sind; zum Beispiel sind nicht alle Kentaur-Bilder (oder -Beschreibungen) – tatsächlich nur wenige – auch Einhorn-Bilder oder -Beschreibungen (*PP*, 221-238). In ähnlicher Weise sind zwar »unmittelbarer Vorgänger« und »unmittelbarer Nachfolger« koextensiv, weil beide auf alle ganzen Zahlen zutreffen, »unmittelbarer Vorgänger der ganzen Zahl 5« und »unmittelbarer Nachfolger der Zahl 5« jedoch benennen ganz verschiedene Dinge. Auch sind zwar alle Körper sowohl in Bewegung als auch in Ruhe, dennoch treffen »bewegt sich relativ zur Erde« und »ist in Ruhe relativ zur Erde« nicht ganz auf dieselben Dinge zu. Und obwohl »faktisch« und »konventionell« koextensiv sind und auf alle Versionen zutreffen, sind »faktisch relativ zur Version V« und »konventionell relativ zur Version V« es nicht.

Wenn man uns fragt, unter welchen Umständen eine ganze Zahl ein unmittelbarer Nachfolger einer anderen ist, können wir ohne weiteres erwidern, daß der unmittelbare Nachfolger diese ganze Zahl ist plus eins. Wenn man uns aber bittet, zu erläutern, unter welchen Umständen einer von zwei Körpern sich relativ zum anderen bewegt, können wir, zum Beispiel für die Sonne und die Erde, sagen: »Wenn die Sonne feststeht, bewegt sich die Erde, wenn sich die Sonne bewegt, steht die Erde fest«. Aber die offensichtliche Konditionalform in den beiden Sätzen ist trügerisch. Zum Vergleich nehme man solche Sätze wie »Wenn das schwarze Pferd gewinnt, bin ich reich, wenn das weiße Pferd gewinnt, bin ich ruiniert«, bei denen jedes Antezedens wahr oder falsch ist, je nachdem, welches Pferd gewinnt. Im Gegensatz dazu sind, da nichtrelativierte Aussagen über Bewegung unvollständig sind, die Antezedenssätze »Die Sonne steht fest« und »Die Sonne bewegt sich« leer. Ob die Erde sich bewegt oder feststeht, läßt sich nicht dadurch festlegen, daß wir herausfinden, ob die Sonne feststeht oder sich bewegt; denn die Sonne und alle anderen Körper stehen fest und bewegen sich auch. Eine leicht veränderte, vertraute Formulierung lautet: »Unter der Annahme, daß die Sonne feststeht, bewegt sich die Erde; unter der Annahme, daß die Sonne sich bewegt, steht die Erde fest.« Offensichtlich ist dies keineswegs besser; denn die ›Annahmen‹ sind leer wie die Antezedenssätze davor. All dies mag eine eingefleischte Überzeugung nicht beeindrucken, daß die Erde sich in dem einen oder anderen Sinne nichtsdestoweniger bewegt, wenn die Sonne als feststehend begriffen wird; während die Erde feststeht, wenn die Sonne als sich bewegend begriffen wird. Es in dieser Weise zu formulieren, scheint es nur schlimmer zu machen. Denn was bedeutet »begreifen als«? Wir können uns die Sonne oder die Erde nicht greifen und sie anhalten oder ihnen einen Stoß geben, um sie in Bewegung zu setzen. Wenn man »begreifen als« jedoch als »einzeichnen als« (in einem gegebenen System) liest und verbindende Anpassungen vornimmt, haben wir in etwa folgendes: »Wenn die Sonne als ein Punkt eingezeichnet wird, muß die Erde als eine umgebende geschlossene Kurve eingezeichnet werden; wenn die Sonne als eine geschlossene Kurve eingezeichnet wird, muß die Erde als ein umgebener Punkt eingezeichnet werden.« »Einzeichnen« kann hier so weit gefaßt werden, daß es mathematische oder sprachliche Beschreibungen umfaßt. Die Fehler unserer früheren Vorschläge verschwinden. Die vermeintliche Rede über Bewegung erweist sich als Rede über Diagramme, Beschreibungen, mathematische Funktionen, Versionen.

Diagramme oder andere Versionen in einem gegebenen System, die sich nur aufgrund dessen unterscheiden, was als fest angenommen wird, stellen fakultative, konventionelle Alternativen dar. Überdies ist ein Darstellungssystem, durch das alles, was als fest angenommen wird, als ein Punkt gezeigt wird, und alles, was als sich bewegend angenommen wird, als ein Pfad gezeigt wird, selbst konventionell – eines unter alternativen Systemen, von denen jedes verschiedene Versionen zuläßt.

4. Standpunkt

Aber was ist aus ›den Tatsachen‹ geworden? Alle diese Versionen sind Versionen wovon? Sie fühlen sich vielleicht wie der Inspektor in der Fernsehserie, der das Reden satt hat und auf »Nur die Tatsachen, gnä' Frau!« besteht. Aber um der Aufforderung, zu sagen, wovon die Versionen Versionen sind, nachzukommen, kann man nichts anderes tun, als eine weitere Version zu geben. Jede Version sagt, was ›die Tatsachen‹ sind; aber die unterschiedlichen Versionen liegen im Streit miteinander. Wie kann die Erde zur selben Zeit stillstehen, sich um die Sonne drehen und sich auf unzählige andere Weisen bewegen? Wie können divergierende Diagramme oder Versionen von denselben Gegenständen, derselben Welt handeln? Sie müssen entweder von keiner Welt oder von verschiedenen Welten handeln. Wenn überhaupt, muß es viele Welten geben.
Das mag Sie denken lassen, daß wir wenn nicht unseren Verstand, so doch zumindest unsere alltägliche Erfahrung und unsere normale Sprache verabschiedet haben. Eine Freundin von mir wurde von einem Polizeibeamten angehalten, weil sie sechsundfünfzig Meilen die Stunde gefahren war. Sie führte an: »Aber Herr Polizist, wenn ich den Wagen vor mir als feststehend ansehe, dann habe ich mich überhaupt nicht bewegt.« »Das macht nichts«, erwiderte der Beamte, »Sie sind mit sechsundfünfzig Meilen die Straße entlanggebraust, und«, er stampfte mit dem Fuß auf, »das ist, was feststeht.« »Oh, hören Sie mal, Herr Polizist; sicher haben Sie in der Schule gelernt, daß diese Straße als ein Teil

der Erde gar nicht feststeht, sondern rasend schnell um ihre Achse in östlicher Richtung rotiert. Da ich in westlicher Richtung gefahren bin, bin ich langsamer gefahren als die Wagen, die da drüben geparkt sind.« »Okay, die Dame, dann werde ich denen Strafzettel verpassen, weil sie rechts gerast sind, und Sie kriegen einen Strafzettel wegen Parkens auf der Autobahn.«

Wo führt uns dies hin? Wenn alles so ist, wie es angesehen wird, und sich etwas korrekt auf alle möglichen, einander entgegengesetzten Arten ansehen läßt, steht uns dann das Chaos bevor? Nein. Denn trotz Bruno und trotz der Spitzfindigkeit der Temposünderin hatte der Polizist natürlich zunächst einmal recht. Obwohl nichts in absoluter Weise feststehend ist oder sich bewegt und obwohl, ob es feststehend ist oder sich bewegt, davon abhängt, wie es angesehen wird, hängt das wiederum von Kontext, Umständen, Zwecksetzung ab. Wo es um Autos auf der Autobahn geht, wird die Erde als feststehend angesehen, und der Strafzettel für die Geschwindigkeitsübertretung ist verdient. In anderen Kontexten rotiert die Erde und kreist; wir gebrauchen eine alternative Version.

Fast immer wird der eine oder andere *Standpunkt* übernommen. Die bloße Feststellung, daß sich viele alternative Versionen konstruieren lassen, gibt uns keine einzige an die Hand. Eine Zeitlang müssen wir als Grundannahme einige Dinge als beständig ansehen. Der Erkenntnis, daß es keinen *feststehenden* Unterschied zwischen Tatsache und Konvention gibt, muß sich die Erkenntnis anschließen, daß es nichtsdestoweniger fast immer irgend*einen* Unterschied zwischen Tatsache und Konvention gibt – einen kurzlebigen Unterschied, der aufgrund des zur selben Zeit übernommenen Standpunkts gemacht wird. Übernahme eines Standpunktes verwandelt, wie wir gesehen haben, einen relationalen Ausdruck in einen kategorialen; die Festlegung einer ganzen Zahl als Ursprung teilt die Klasse der ganzen Zahlen in Ursprung, einen unmittelbaren Vorgänger, einen unmittelbaren Nachfolger und alle anderen ganzen Zahlen; die Festlegung bestimmter Körper als feststehend kann andere Körper in die feststehenden und die sich bewegenden sortieren; die Festlegung bestimmter Aussagen als obligatorisch kann andere Aussagen als obligatorisch oder fakultativ klassifizieren. Ein Wechsel des Standpunkts bewirkt eine Neu-Sortierung. Die Kopernikanische Revolution war ein solcher Wechsel. Sie veränderte nicht so sehr die Kosmologie, so daß sie zu den Tatsachen paßte, als sie die Tatsachen veränderte, indem sie den Standpunkt von der Erde zur Sonne verlegte.

Obwohl ein Standpunkt überall eingenommen werden kann und oft und unbemerkt wechselt, ist er nicht willkürlich. Die meisten unserer Standpunkte und Standpunktwechsel beruhen auf durch Praxis eingeprägter Gewohnheit. Im allgemeinen sehen wir die Erde als feststehend an, wenn wir die Bewegung eines Flugzeuges beschreiben, aber in einem Flugzeug sehen wir automatisch das Flugzeug als feststehend an, wenn wir die Bewegung des Flugpersonals beschreiben. Wo die Wahl eines Standpunktes überlegter vor sich geht, kann sie komplexe Erwägungen zur Einfachheit, Zweckmäßigkeit, Eignung für den Kontext, Effizienz für eine Zielsetzung und zur Zugänglichkeit für diejenigen, mit denen wir kommunizieren müssen, nachsichziehen. Die Spitze eines Fliegenflügels für die Beschreibung der Bewegung von Körpern im Sonnensystem als feststehend anzusehen, würde wahrscheinlich in all diesen Hinsichten seinen Zweck verfehlen.

5. Paradox

Mit einem Wort, ich habe solche offenkundigen Punkte angeführt wie den, daß es keine sichere Unterscheidung zwischen Tatsache und Konvention gibt, daß diese Unterscheidung aber äußerst wichtig ist; daß die Grenzlinie zwischen

Tatsache und Konvention häufig wechselt und überall gezogen werden kann, aber nicht unberechenbar ist; daß eine Konvention (als Möglichkeit der Wahl), wenn sie zu einer Konvention (als das Übliche) wird, infolgedessen dazu neigt, faktisch zu werden; und daß nicht so sehr die Tatsachen festlegen, wie wir sie auffassen, sondern wie wir sie auffassen vielmehr die Tatsachen festlegt – aber daß wir wohl besser sorgfältig darauf achten sollten, wie wir sie auffassen.
In einer neueren Besprechung von Italo Calvinos Roman *Herr Palomar* formuliert Michael Wood es treffender:

> Eine Tatsache ist etwas, das nicht weichen will, das wir nicht *nicht* wissen können, wie Henry James über das Wirkliche bemerkte. Doch wenn wir näher herangehen, es anstarren, unsere Treue zu ihm testen, fängt es an, vor Kompliziertheit zu schimmern. Ohne weniger faktisch geworden zu sein, entschwebt es in den Mythos. Herr Palomar schaut den Himmel an, den Rasen, das Meer, ein Mädchen, Giraffen und vieles mehr. Er möchte nur beobachten, von Kreaturen und Dingen eine bescheidene Lektion lernen. Aber er kann nicht. Es gibt zunächst einmal zu vieles in ihnen zu sehen. (...) Und es gibt ohnehin zuviel von ihm selbst und seiner Kultur in der Welt, der er auflauert: Die Welt ist übersät mit Zeichen unserer Bedürfnisse, mit Mythologien.[2]

Leser, die sich speziellere Anwendungen dessen wünschen, was ich gesagt habe, dürften keine Schwierigkeit haben, einige auszuarbeiten. Mit den Tatsachen kann man so lange verhältnismäßig leicht zurechtkommen, als man sich vor Augen hält, daß die Tatsachen paradox sind. (*Goodman*)

2 Michael Wood, »Theory with a Wife«, *London Review of Books* 7 (October 3, 1985), 17.

VII

Im Blick: Neuheit

1. Zweierlei Begegnung

Obwohl viele philosophische Dualismen entlarvt worden sind, lastet der Dualismus von Natur und Konvention weiterhin schwer auf den Diskussionen über die Repräsentation. Pikturale Repräsentation wird als natürlich angesehen – eine Frage der Ähnlichkeit zwischen Bild und Gegenstand. Diese Ähnlichkeit wird außerdem für etwas Objektives gehalten, dem menschlichen Auge sichtbar und allen, die hinschauen, augenfällig. Sprachliche Repräsentation dagegen wird als konventionell angesehen – sie funktioniert aufgrund von Regeln und Festsetzungen, die den Zusammenhang der Wörter mit der Welt sicherstellen.

Die Zweiteilung der Symbole in die natürlichen und die konventionellen ist nicht ohne Schwierigkeiten. Eine ganze Anzahl von Symbolen einschließlich der Himmelskarten, Hieroglyphen und der chinesischen Bilderschrift scheinen Übergangsformen zu sein. Es ist nicht klar, ob sie als natürliche oder konventionelle Zeichen angesehen werden sollen. In der Tat sind die Kriterien zur Klassifikation von Zeichen als natürliche oder konventionelle selbst unklar. Die Unterscheidung ist leichter formuliert als angewandt. Dennoch habe ich hier nicht die Absicht, einen Frontalangriff auf die Dichotomie vorzubereiten. In Wirklichkeit wird sie allgemein akzeptiert. Und nachdem sie einmal akzeptiert ist, haben die Theoretiker einen Grund, ihre Untersuchungen einzugrenzen. Da sich das Konventionelle ersichtlich von dem Natürlichen unterscheidet, können Theoretiker, die sich mit dem einen beschäftigen, unbesorgt Repräsentationen ignorieren, die zu dem anderen gehören. Folglich werden Verwandtschaften zwischen den beiden Sphären häufig übersehen und Unterschiede – weil antizipiert – nicht beachtet. Wenn wir jedoch die Annahme aufgeben, daß Theorien der sprachlichen und pikturalen Repräsentation nicht relevant füreinander sind, können wir davon ausgehen, daß die Resultate der einen auf die der anderen Einfluß haben und umgekehrt. Dann können vernachlässigte Verwandtschaften erkannt werden, und anerkannte Unterschiede lassen sich hervorheben. Dies, hoffe ich, wird unser Verständnis von Repräsentationen aller Art verbessern.

Ich möchte mich auf ein einziges Problem konzentrieren, das der Linguistik und der Theorie der Abbildung gemeinsam ist: das Problem, unsere Fähigkeit, Repräsentationen zu verstehen, denen wir vorher nicht begegnet sind, zu erklären. Gewöhnlich erfassen wir Sätze, die wir nie zuvor gehört, und Bilder, die wir nie zuvor gesehen haben. Unsere Kompetenz hat natürlich ihre Grenzen. Sätze, die gemurmelt, entstellt oder in fremder Zunge gesprochen werden, wie auch Bilder, die unscharf sind, dürftig ausgeführt oder einen nicht vertrauten Stil haben, entziehen sich uns gern. Dennoch kann es sein, daß unsere Mißerfolge weniger ärgerlich sind als unsere Erfolge. Wenn die Fähigkeit, Symbole zu interpretieren, von der Erfahrung abhängt, dann scheint mangelnde Erfahrung mit einem bestimmten Symbol ohne weiteres das Unvermögen zu erklären, es zu verstehen. Nicht so leicht läßt sich jedoch der breite Bereich von Symbolen erklären, die ungeachtet der mangelnden Erfahrung mit ihnen ohne Schwierigkeit verstanden werden. Ob unser Vermögen, Symbole zu interpretieren, von Erfahrung abhängt oder nicht, es reicht deutlich über die Erfahrung hinaus. Das Problem besteht darin, zu sagen, in welcher Weise.

Obwohl das Problem der Linguistik und der Kunsttheorie gemeinsam ist, nimmt man das von der Lösung nicht an. Wesentlich für jede dieser Disziplinen ist eine Darstellung der Kompetenz, die sich auf Repräsentationen der anderen nicht in überzeugender Weise anwenden läßt. Sprachliche Repräsentation hängt angeblich von Regeln ab. Da diese Regeln allgemein sind, legen sie die Interpretation sowohl neuer als auch vertrauter Ausdrücke fest. Pikturale Repräsentation hängt angeblich von Ähnlichkeit ab. Da Ähnlichkeit direkt gesehen werden kann, ist keine vorherige Bekanntschaft mit den pikturalen Symbolen erforderlich, um ein Bild verstehen zu können. Wörter gleichen ihren Gegenständen ganz offensichtlich nicht. Daher kann die Theorie der Bildkompetenz für die Sprachkompetenz nicht richtig sein. Wir besitzen weder Grammatiken noch Lexika pikturaler Formen, und deshalb kann die Sprachtheorie Bildkompetenz nicht erklären. Trotzdem verdient das Problem größere Aufmerksamkeit, denn die Gleichgültigkeit sowohl auf seiten der Linguistik als auch auf seiten der Kunsttheorie ist so beschaffen, daß man von der Beziehung zwischen den beiden Kompetenzen annimmt, sie falle weder in den Zuständigkeitsbereich der einen noch in den der anderen. Außerdem wird die beiderseitige Gleichgültigkeit der Disziplinen nicht argumentativ vertreten; sie ist schlicht mit der Abgrenzung der Gegenstandsbereiche gegeben. Folglich bleibt jegliche Relevanz, die Theorien in der einen Disziplin für Probleme in der anderen haben, gern unbemerkt.

2. Sprachkompetenz

Zeitgenössische Theoretiker[1] behaupten, Sprachkompetenz bestehe darin, daß das Bewußtsein ein Lexikon und eine Grammatik besitzt und sie benutzen kann. Das mentale Lexikon legt die Bedeutung einzelner Wörter fest; die mentale Grammatik legt fest, in welcher Weise sich die Bedeutungen signifikanter Wortfolgen von den Bedeutungen ihrer Konstituenten herleiten. Man nimmt an, daß das Bewußtsein ein

1 Vgl. Noam Chomsky, *Aspects of the Theory of Syntax*, Cambridge, Mass.: MIT Press 1965, dt. *Aspekte der Syntax-Theorie*, Frankfurt/M.: Suhrkamp 1973; und Jerry Fodor, *The Language of Thought*, New York: Thomas Y. Crowell 1975.

digitaler Computer ist beziehungsweise ihm ziemlich genau entspricht; daß das Lexikon und die Grammatik Teil des Programms sind, daß Interpretation eine Art von Datenverarbeitung ist. Wir verstehen einen Satz, den wir nie zuvor gehört haben, weil seine Wörter in unserem Lexikon, seine Form in unserer Grammatik enthalten sind. Wir kennen infolgedessen bereits die Bedeutungen der einzelnen Wörter und der Regel, nach der wir die Bedeutung des Ganzen aus der Bedeutung der Teile erhalten. Um den Satz zu interpretieren, wenden wir einfach die Regel auf die Wörter an. Genau dasselbe tun wir, wenn wir vertraute Sätze interpretieren.

Diese Darstellung hat einen gewissen Reiz, denn sie beschreibt unzugängliche innere Prozesse nach dem Vorbild vertrauter, allgemein zugänglicher Aktivitäten. Wenn wir mit einem deutschen Satz konfrontiert werden, den wir nicht verstehen, ziehen wir Grammatiken und Wörterbücher zu Rate. Häufig klärt die in ihnen enthaltene Information die Interpretation sofort. Außerdem kann die Befragung solcher Werke die einzige allgemeine Methode sein, über die wir zur Interpretation problematischer Sätze verfügen. Warum sollte man nicht annehmen, daß dieselbe Art von Prozeß naturgemäß bei der Interpretation unproblematischer Sätze abläuft? Nur in diesen Fällen verläuft der Prozeß mühelos, unverzüglich und unbewußt. Denn die erforderliche grammatikalische und lexikalische Information ist bereits im Bewußtsein gespeichert.

Es mag sein, daß wir uns beim Lernen einer Fremdsprache Vokabelverzeichnisse und grammatische Regeln einprägen. Dies scheint dem Versuch, uns mit einem internen Lexikon und einer Grammatik für die Sprache zu versehen, außerordentlich ähnlich zu sein.[2] In den frühen Stadien können wir

2 Zeitgenössische Linguisten sind nicht der Überzeugung, daß fundamentale grammatikalische und lexikalische Information auf diese Weise erworben wird. Mir kommt es hier darauf an, daß die Darstellung ihre Attraktivität für Nichtlinguisten von solchen Analogien beziehen kann.

uns außerdem ausdrücklich auf die Regeln und Verzeichnisse berufen, um Interpretationen von Sätzen zu erzeugen. Mit zunehmender Gewandtheit kommt die bewußte Berufung auf die Regeln und Verzeichnisse, die wir gelernt haben, weniger häufig vor. Vielleicht ändert sich jedoch der Vorgang der Interpretation nicht grundlegend. Wir internalisieren die Vokabelverzeichnisse und grammatischen Regeln einfach und wenden sie schließlich an, ohne darüber nachzudenken.

Endlich ist diese Darstellung der Sprachkompetenz deshalb attraktiv, weil wir wissen, wie Computer funktionieren. Wenn also das menschliche Bewußtsein ein Computer ist beziehungsweise einem entspricht, dann können wir unser Wissen über Computer einsetzen, um etwas über uns selbst zu erfahren. Ein großer Teil der Forschung in den kognitiven Wissenschaften beruht auf der Überzeugung, daß der Computer ein Modell des Bewußtseins ist. In der Tat ist es, so Jerry Fodor,[3] das einzige Modell des Bewußtseins, über das wir verfügen.

Der Reiz dieses Modells rührt von Analogien zu äußeren sprachlichen oder quasisprachlichen Aktivitäten her. Aber es sind nur Analogien. Die Interpretation unproblematischer Sätze in unserer Muttersprache beinhaltet keine bewußte Befragung einer internen Grammatik oder eines Lexikons. Auch Introspektion bringt keine derartige Aktivität zum Vorschein. Die Befürworter der zu prüfenden Ansicht geben zu, daß der Zugriff auf den internen Code ein zutiefst unbewußter Vorgang ist. Der Grund für die Überzeugung, daß er vorkommt, ist, daß er in eine leistungsfähige linguistische Theorie eingebettet ist. Wir sollen glauben, daß Sprecher auf einen internen syntaktischen und semantischen Code ›Zugriff haben‹, und zwar aus demselben Grund, aus dem wir glauben, daß entfernte Körper aufgrund der Anziehungs-

3 Jerry Fodor, »Methodological Solipsism Considered as a Research Strategy in Cognitive Psychology«, *Representations*, Cambridge, Mass.: MIT Press 1983, 225-253.

kraft einander anziehen – weil die Thesen durch leistungsfähige, umfassende, allgemeine, erklärende Theorien gestützt werden. Doch ist es wichtig festzuhalten, daß die linguistische Theorie vom eigenen Verständnis eines Sprechers, wie er nämlich versteht, was gesagt wird, keine direkte Stützung erfährt.

Darüber hinaus sind die Kompetenzen, über die wir angeblich auf der unbewußten Ebene verfügen, keine Kompetenzen, über die wir auf der bewußten Ebene verfügen. Wir können bezeichnenderweise die grammatikalischen Regeln für unsere eigene Sprache nicht formulieren beziehungsweise die Bedeutungen unserer Ausdrücke angeben. Trotzdem sprechen wir grammatisch richtig und bedeutungsvoll. Vielleicht tun wir das, weil wir, wie die Linguisten nahelegen, tief drinnen die erforderlichen grammatikalischen und lexikalischen Regeln kennen. Vielleicht tun wir das aber auch, weil weder Tiefen- noch Oberflächenkenntnis solcher Regeln für bedeutungsvolles, grammatikalisch richtiges Sprechen gebraucht wird.

Der Fall der Bedeutung ist besonders aufschlußreich. Selbigkeit der Bedeutung beinhaltet allem Anschein nach mehr als Koextensivität von Ausdrücken; aber überzeugende, intuitiv adäquate Standards für die Synonymität sind nicht gefunden worden.[4] Da das innere Lexikon angeblich die Bedeutungen unserer Ausdrücke enthält, führt die den Bedeutungsbegriff umgebende Unklarheit zu einer Unklarheit darüber, welche Information das Lexikon enthalten soll. Mindestens, so scheint es, ist so viel erforderlich: Der lexikalische Eintrag für einen Ausdruck sollte ein Kriterium für die Anwendung des Ausdrucks darstellen. Kriterien für die Anwendbarkeit von Ausdrücken sind ebensoschwer zu artikulieren wie Bedeutungen. Nach der weitesten Konstruktion ist ein solches Kriterium adäquat, wenn es die Anwendung eines Aus-

4 W. V. Quine, »Zwei Dogmen des Empirismus«, *Von einem logischen Standpunkt*, Frankfurt/M.: Ullstein 1979, 27-50.

drucks auf alle und nur die Dinge innerhalb der Extension des Ausdrucks vorsieht. Selbst wenn wir nicht mehr als dies fordern, ist das innere Lexikon dem nicht gewachsen.
Häufig legt nichts im Bewußtsein des Sprechers die Extension seiner Ausdrücke fest. Ich kann wissen, daß »Feynman« und »Gell-Man« die Namen bedeutender Physiker sind, aber nicht wissen, wodurch sich der eine vom anderen unterscheidet. Und ich kann wissen, daß »Buche« und »Ulme« getrennte Klassen von Laubbäumen bezeichnen, aber keine Vorstellung haben, wie man sie unterscheidet. Meine Sprachkompetenz wird durch meine Unkenntnis nicht gefährdet, denn normalerweise gebrauche ich die Ausdrücke in Kontexten, in denen die Unterschiede nicht ins Gewicht fallen; wenn die Situation es nahelegt, weiß ich genug, um mich Mitgliedern der Sprachgemeinschaft anzuschließen, die das Wissen besitzen, das mir fehlt.[5] Außerdem ist das fragliche Wissen nicht primär sprachlich. In dem einen Fall ist es biographisch, in dem anderen botanisch.
Fodor gibt in diesem Punkt[6] nach und zieht den Schluß, daß das Lexikon referentiell undurchlässig ist. Seine Eintragungen legen die Begriffe fest, in denen wir denken, aber nicht das, worüber wir denken. Der Lexikoneintrag für »Ulme« liefert also einen Ulme-Begriff. Und dieser Begriff ist an unseren Ulme-Gedanken beteiligt. Aber da der Begriff undurchlässig ist, gibt es keinen Grund für die Annahme, daß er die Extension von »Ulme« festlegt.
Die Analogie zwischen Bewußtsein und Computer ist hier erhellend. Denn Computersimulationen sind strenggenom-

5 Saul Kripke, »Naming and Necessity«, *Semantics of Natural Language*, ed. Donald Davidson and Gilbert Harman, Dordrecht: D. Reidel 1972, 292, dt. *Name und Notwendigkeit*, Frankfurt/M.: Suhrkamp; Hilary Putnam, »The Meaning of ›Meaning‹«, *Mind, Language, and Reality*, Cambridge: Cambridge University Press 1975, 245-246, dt. *Die Bedeutung von »Bedeutung«*, Frankfurt/M.: Klostermann 1979.

6 Fodor, »Tom Swift and His Procedural Grandmother«, *Representations*, 204-224.

men ambigue, weil sie eine referentielle und eine computermäßige Interpretation besitzen. Gemäß der ersteren repräsentiert eine Computersimulation etwa eine komplexe molekulare Interaktion. Gemäß der letzteren definiert sie eine Folge von Zuständen des Computers. Die erstere versetzt den Wissenschaftler in die Lage, sie als eine Repräsentation physikalischer Realität zu interpretieren; die letztere versetzt die Maschine in die Lage, ihre Rechenoperationen durchzuführen. Der Computer weiß natürlich nichts von der referentiellen Interpretation. Außerdem würde seine Fähigkeit, sein Programm zu kompilieren und auszuführen, nicht verbessert, wenn ihm die referentielle Interpretation irgendwie mitgeteilt werden könnte. Um seine Rechenoperationen durchführen zu können, braucht der Computer nur die computermäßige Interpretation: die Spezifizierung seines Anfangszustands und der Veränderungen, die er als Antwort auf verschiedene Kommandos durchmacht. Die Tatsache, daß das Programm eine andere Interpretation besitzt, die die Operationen und Resultate auf physikalische Realität abbildet, ist computermäßig unerheblich.

Dementsprechend würden wir nicht wissen, daß eine Computersimulation eine molekulare Interaktion repräsentiert, wenn wir von ihr nur die dem Computer verfügbare Interpretation kennen würden. (In der Tat würden wir nicht wissen, daß sie überhaupt repräsentiert.) Aber nach Fodor ist genau dies unsere Situation im Hinblick auf die Sätze, die wir verstehen. Das innere Lexikon ist die Maschinensprache des menschlichen Computers. Es liefert computermäßige Interpretationen, die uns in die Lage versetzen, beim Denken Sätze zu gebrauchen. Aber es liefert keine referentiellen Interpretationen, denn lexikalische Eintragungen sind undurchlässig. Daher legt die Information über den Satz, die das Lexikon bietet, nicht fest, was der Satz repräsentiert. Fragen nach dem Wahrheitswert des Satzes oder den Bezugsobjekten seiner Ausdrücke sind nach einer computermäßigen Lesart unangebracht. Fodors Theorie kann weder erklären, wie wir wissen, was neue Sätze repräsentieren, noch, wie wir wissen, was vertraute Sätze repräsentieren.[7] (Wenn seine Darstellung zutrifft, ist es in der Tat erstaunlich, daß wir solche Dinge wissen.) Die Rolle des Lexikons hat sich herausgebildet, um anderen Zwecken zu dienen.

Die Darstellung der Linguisten hat noch ein anderes Handikap: Sie kann unser Verstehen von figurativer Sprache oder von Wendungen, in denen grammatikalische Regeln bewußt verletzt werden, nicht erklären. Ein Werk zum Beispiel der Bewußtseinsstrom-Literatur zu verstehen, bedeutet nicht, ihm eine Interpretation aufzuzwingen, die mit unseren normalen grammatikalischen Konventionen oder ihren Gegenstücken der ›Tiefenstruktur‹ übereinstimmt. Denn das Werk erzielt seine Wirkung nicht trotz, sondern aufgrund seiner merkwürdigen, ungrammatikalischen Konstruktionen. Dem Werk eine grammatikalische Lesart aufzuzwingen, heißt die Pointe verfehlen.

Bezeichnenderweise liegen die Gegenstände, auf die ein Ausdruck metaphorisch zutrifft, nicht in der buchstäblichen Extension des Ausdrucks. Der metaphorische Gebrauch spielt auch nicht dieselbe computermäßige Rolle wie der buchstäbliche Gebrauch. Wenn wir Wilbur ein Arbeitspferd nennen, vergleichen wir den Mann mit buchstäblichen Arbeitspferden. Die Metapher deutet an, daß er wie buchstäbliche Arbeitspferde schwerfällig, fleißig, aber vielleicht ein bißchen einfallslos ist. Und das Verstehen der Metapher beinhaltet, einige von diesen (oder verwandten) Andeutungen aufzugreifen. Es beinhaltet auch zu erkennen, daß von Wilbur nicht gesagt wird, er gehöre in die buchstäbliche Extension des Ausdrucks »Arbeitspferd«. Daher werden einige Prädikate von buchstäblichen Arbeitspferden – »vier-

7 Fodor gebraucht den Ausdruck »Repräsentation« etwas anders. Er faßt die computermäßige Interpretation als eine Repräsentation auf. Ich schränke den Ausdruck auf Interpretationen ein, nach denen ein Symbol ein Symbol *von* etwas ist. In meinem Gebrauch des Ausdrucks repräsentieren Symbole nur, wenn sie referentiell funktionieren.

füßig«, »pflanzenfressend« und ähnliche – Wilbur nicht zugeschrieben. Da das Lexikon ausschließlich die Quelle von buchstäblichen Bedeutungen darstellt, folgt daraus, daß das lexikalische Gegenstück des Ausdrucks »Arbeitspferd« in Berechnungen und Ableitungen eingeht, die ungültig sind, wenn der Ausdruck metaphorisch gebraucht wird. Zum Beispiel: Die buchstäbliche Lesart erlaubt, die metaphorische Lesart aber verbietet die Ableitung:

Wenn *x* ein Arbeitspferd ist, dann ist *x* vierfüßig.

Es kann nicht überzeugend aufrechterhalten werden, daß die metaphorische Bedeutung eines Ausdrucks zusammen mit seiner buchstäblichen Bedeutung im Lexikon enthalten ist. Denn es gibt potentiell unendlich viele Anwendungen eines gegebenen Ausdrucks. Der Ausdruck »Arbeitspferd« könnte zum Beispiel auf Automobile angewandt werden – und so Jeeps und andere derartige Fahrzeuge herausgreifen. Nicht nur seine Bezugnahme ändert sich, sobald der Ausdruck metaphorisch gebraucht wird, um unterschiedliche Sphären zu sortieren, seine computermäßige Rolle ändert sich auch. Ableitungen wie

Wenn *x* ein Arbeitspferd ist, dann ist *x* schwerfällig
oder
Wenn *x* ein Arbeitspferd ist, dann ist *x* einfallslos

könnten zugelassen werden, wenn der Ausdruck »Arbeitspferd« metaphorisch auf Personen, aber nicht (zumindest nicht nach ihren buchstäblichen Interpretationen), wenn er auf Autos angewandt wird. In dieser Anwendung kann jedoch

Wenn *x* ein Arbeitspferd ist, kann *x* schwere Lasten befördern

zugelassen werden, obwohl wir eine solche Ableitung (buchstäblich konstruiert) bei menschlichen Arbeitspferden nicht akzeptieren würden.

Es wird Linguisten nicht weiterbringen, solche Fälle als abweichend abzutun – zu behaupten, daß metaphorische Sätze strenggenommen falsch und Wendungen der Bewußtseinsstrom-Literatur strenggenommen nicht wohlgeformt sind. Denn selbst wenn dies zuträfe, wäre es irrelevant. Ob wir sie als wahr oder falsch, als wohlgeformt oder nicht wohlgeformt charakterisieren, wir verstehen solche Wortfolgen. Und Linguistik beansprucht, unser Verstehen von und unsere Kompetenz für Wörter zu erklären. Obwohl ständige systematische Verletzungen grammatikalischer Regeln verhältnismäßig selten vorkommen, fällt es oft nicht schwer, sie zu verstehen. Da dies so ist, kann man vernünftigerweise erwarten, daß die Theorie des Sprachverstehens erklärt, wie wir sie verstehen. Eine Darstellung, die nur auf Fälle zutrifft, in denen unsere Standards der Grammatikalität erfüllt werden, scheint in ernstzunehmender Weise unvollständig zu sein. Außerdem sind Metaphern allgegenwärtig. Daher stellt das Unvermögen der linguistischen Theorie, unser Verstehen von Sätzen zu erklären, die Metaphern enthalten, ein Unvermögen dar, einen beachtlichen Anteil ihres Gegenstandsbereichs zu erklären.

Was übrig bleibt, ist eine dürftige Vorstellung von Sprachkompetenz. Wissen um Wort-Welt-Zusammenhänge und Verstehen von nichtbuchstäblichen und nichtgrammatikalischen Verwendungsweisen von Wörtern sind aus dem Sprachverständnis ausgeschlossen. (Es ist durchaus denkbar, daß dies Fälle einer anderen Art von Verständnis darstellen oder daran beteiligt sind.) Sicherlich sind sie am Verstehen von Sätzen beteiligt, die wir nie zuvor gehört haben. Um zum Beispiel den Satz

Descartes ist der Robinson Crusoe des Bewußtseins

verstehen zu können, muß ich etwas darüber wissen, wer Descartes ist und was er geleistet hat, darüber, wer die fiktionale Figur Robinson Crusoe ist und über die Geschichte, in der er vorkommt, darüber, auf welche Weise fiktive Ausdrücke metaphorisch angewandt werden können, um tatsächliche Individuen zu charakterisieren, und darüber, auf welche Weise ein Eigenname mit vorangestelltem Artikel metaphorisch als ein allgemeiner Ausdruck funktioniert. Da ich das erforderliche Wissen besitze, habe ich keine Schwierigkeit, den Satz beim ersten Mal, wenn ich ihn höre, zu verstehen. Es mutet etwas eigenartig an zu behaupten, daß mein Verstehen nicht sprachlich ist, denn es beruht ganz sicher auf einem Verständnis dessen, wie die Wörter in dem Satz funktionieren.

3. Bildkompetenz

Das Modell der Linguisten läßt sich ersichtlich nicht auf das Bildverständnis ausdehnen. Lexika und Grammatiken sind nur für Systeme möglich, deren Symbole festgelegt und unterscheidbar sind. Denn Lexika und Grammatiken bestehen aus Verallgemeinerungen, die auf Symbole zutreffen, weil sie Verwendungsfälle spezifischer syntaktischer Zeichentypen sind. Wo es nicht möglich ist, den Zeichentyp festzulegen, zu dem ein Symbol gehört, da läßt es sich unmöglich so verstehen, daß es lexikalischen und grammatikalischen Regeln unterliegt. Und wo es nicht möglich ist zu unterscheiden, ob zwei Symbole zu demselben Zeichentyp gehören, da ist es auch nicht möglich, sie als syntaktisch austauschbar zu behandeln.

Aber genau dies ist die Situation im Fall pikturaler Symbole. Denn solche Symbole gehören zu Systemen, die syntaktisch dicht sind.[8] Es gibt keine Möglichkeit, pikturale Symbole scharf voneinander zu unterscheiden, und folglich auch keine Möglichkeit festzulegen, zu welchem Symbol eine bestimmte Marke gehört oder ob zwei Marken zu demselben Symbol gehören. Jeder Unterschied zwischen pikturalen

8 Siehe jedoch Kapitel VIII unten.

Marken könnte syntaktisch bedeutsam sein. Und für pikturale Systeme gibt es keine auf Prinzipien beruhende Basis, um festzusetzen, daß bestimmte Unterschiede zwischen Marken unwesentlich sind (*LA*, 130-141, dt. 138-148). Beim Verstehen eines Bildes geht es also nicht darum, allgemeine Regeln zur Geltung zu bringen, die die Identifikation und Handhabung seiner Teilsymbole festlegen.

Daß sich die Lösung des Linguisten auf pikturale Repräsentationen nicht anwenden läßt, mag unerheblich sein. Denn vielleicht gehören Bilder zu einer Sphäre, in der das Problem des Linguisten nicht auftritt. Man könnte so argumentieren, daß festgelegte, erfüllbare Regeln zur Interpretation sprachlicher Repräsentationen erforderlich sind, weil die Verbindung zwischen Wort und Gegenstand nicht von Natur aus sichergestellt ist. Wenn es also eine naturgegebene Verbindung zwischen Bildern und ihren Sujets gibt, macht dies die Notwendigkeit grammatikalischer und lexikalischer Regeln für die pikturale Repräsentation überflüssig.[9] Häufig sieht man Ähnlichkeit als diese Verbindung an.[10]

Die Argumentation ist ungefähr folgende: Wir wissen, was ein Bild repräsentiert, weil wir seine Ähnlichkeit mit seinem Sujet erkennen. Diese Ähnlichkeit kann darüber hinaus auch vom ungeübten Auge wahrgenommen werden. Wäre dem nicht so, könnten wir nicht nach bloßem Anschauen sagen, was ein Bild repräsentiert. Aber wir tun das ständig; wir verstehen in der Regel Bilder, die wir nie zuvor gesehen haben.

Offensichtlich ist Ähnlichkeit für Repräsentation nicht hinreichend. Denn Repräsentation ist asymmetrisch, Ähnlichkeit symmetrisch. Ein Bild repräsentiert sein Sujet, dieses Sujet repräsentiert nicht das Bild. Aber das Sujet ähnelt dem

9 C. S. Peirce, *Selected Papers*, ed. Philip Wiener, New York: Dover 1958, 368, 391.

10 Alan Tormey, »Seeing Things: Pictures, Paradox and Perspective«, John Fisher, ed., *Perceiving Artworks*, Philadelphia: Temple University Press 1980, 59-75.

Bild so sehr und in derselben Art und Weise, wie das Bild dem Sujet ähnelt. Außerdem repräsentieren viele Dinge einander nicht, die sich ähnlich sind. Bei identischen Zwillingen ist bezeichnenderweise der eine nicht das Double des anderen (*LA*, 3-5, dt. 15-17). Dennoch legen wir vielleicht in den Fällen, wo wir aus anderen Gründen wissen, daß etwas eine Repräsentation ist, auf der Basis von Ähnlichkeit fest, was es repräsentiert.

Ähnlichkeit mag ein ebenso schwieriger Begriff wie Bedeutung sein, wenn auch aus einem anderen Grund. Bedeutungen sind schwer faßbar, Ähnlichkeiten dagegen allgegenwärtig. Zwei beliebige Objekte ähneln einander in irgendeiner Hinsicht. Das Problem besteht darin, die Art von Ähnlichkeit genau anzugeben, die für pikturale Repräsentation erforderlich ist.

Die selbstverständliche Antwort lautet: visuelle Ähnlichkeit. Obwohl selbstverständlich, ist diese Antwort nicht so selbstverständlich richtig. Wir wissen häufig, was ein Bild repräsentiert, ohne zu wissen (oder uns darum zu kümmern), ob es seinem Sujet ähnlich ist. Da die Kreuzigung eine altmodische Methode der öffentlichen Hinrichtung ist, wissen wir nicht, ob Bilder der Kreuzigung Christi wie der wirkliche Vorgang aussehen. Nichtsdestoweniger können wir natürlich sofort sagen, was diese Bilder repräsentieren.

Darüber hinaus sind Bilder mit fiktionalen Sujets ihren Bezugsobjekten nicht ähnlich. Einhorn-Bilder ähneln Einhörnern nicht, weil es keine gibt, denen sie ähnlich sein könnten. Dennoch haben wir wenig Schwierigkeiten, Einhorn-Bilder als das zu erkennen, was sie sind. Was immer uns dazu befähigt, solche Bilder zu verstehen, es kann nicht die Ähnlichkeit einer Repräsentation mit ihrer Denotation sein. Die Denotation eines Einhorn-Bildes ist Null und daher identisch mit der Denotation eines Kentaur-Bildes. Aber es ist unwahrscheinlich, daß wir das Sujet des einen mit dem Sujet des anderen verwechseln.

Tatsächlich, viele Bilder ähneln ihren Sujets. Wenn sich zeigen läßt, daß Ähnlichkeit erklärt, wie wir diese Bilder verstehen, dann läßt sich vielleicht eine Möglichkeit finden, die Erklärung auf problematischere Fälle auszudehnen. Aber selbst die scheinbar klaren Fälle bereiten Schwierigkeiten. Denn Bilder können ihren Sujets in beliebig vielen Weisen ähneln. Gelungene impressionistische Werke fangen flüchtige, kurzlebige Eigenschaften von sich verändernden sichtbaren Oberflächen ein – schimmerndes Nebeneinander von Sonnenlicht und Schatten, das mit einem Blick registriert wird und wie der Blitz vergeht. Bilder an den Wänden ägyptischer Gräber sind schematische Repräsentationen des unabwendbaren Kreislaufs der Jahreszeiten. In ihrer Unwandelbarkeit und Allgemeinheit repräsentieren die Bilder die ewige und unveränderliche Ordnung der Natur und ähneln ihr auch.[11] Der vergängliche Moment, den der Impressionist einfängt, ist ein Augenblick in dem ewigen Kreislauf, den der Ägypter aufzeichnet.

Jedes Ding hat viele Ansichten. Deshalb bedeutet die Behauptung, daß ein Bild wie sein Sujet aussieht, nicht, daß eine bestimmte Beziehung zwischen den beiden spezifiziert wird. Bilder, die demselben Ding ähneln, können sich sehr voneinander unterscheiden. Und Bilder, die sich sehr ähnlich sehen, können ganz andere Dinge repräsentieren.

In der Tat ähneln Bilder, die ihren Sujets ähnlich sind, nicht immer der Art und Weise, wie ihre Sujets aussehen. Auf mittelalterlichen Gemälden sind zum Beispiel die Darstellungen der Madonna mit Kind häufig bedeutend größer als die Darstellungen der Heiligen um sie herum. Entsprechend der religiösen Tradition, innerhalb derer diese Werke hergestellt wurden, sind das Jesuskind und seine Mutter wichtiger als andere Leute. Und Größe ist bei solchen Bildern ein Maßstab für religiöse Wichtigkeit. Das Christuskind nicht größer als ein normales Baby zu repräsentieren, wäre nicht

11 E.H. Gombrich, *Art and Illusion*, Princeton: Princeton University Press 1969, 122-125, dt. *Kunst und Illusion*, Stuttgart: Belser 1978, 146-150.

korrekt. Denn in diesem System ist pikturale Größe ein Maßstab für reale (theologische oder metaphysische) Größe, nicht für sichtbare (natürliche) Größe.

Dieses Phänomen kommt nicht nur bei religiösen Bildern vor. Wissenschaftliche Fotografien – zum Beispiel Röntgen- und Nebelkammerfotografien – haben ebenfalls keine Ähnlichkeit mit den sichtbaren Aspekten ihrer Sujets. Vielmehr besteht ihre Funktion darin, sichtbar zu machen, was normalerweise nicht sichtbar ist. Ihre Bilder ähneln Merkmalen ihrer Gegenstände, die nicht direkt gesehen werden.[12]

Die These, daß Bildkompetenz eine Frage der Ähnlichkeit ist, teilt einen Schwachpunkt mit der These, daß Sprachkompetenz eine Frage von Regeln ist: nämlich das Unvermögen, unser Verständnis für figurative Symbole zu erklären. Ein Bild zu verstehen beinhaltet häufig zu wissen, was seine Symbole figurativ repräsentieren wie auch zu wissen, was sie buchstäblich repräsentieren. Wenn ein Ritter zum Beispiel mit einem Hund an seiner Seite abgebildet wird, symbolisiert der Hund bezeichnenderweise Treue. Um das Bild ganz verstehen zu können, müssen wir sowohl wissen, daß die Konfiguration auf der Leinwand buchstäblich einen Hund repräsentiert, als auch, daß sie, weil sie das tut, metaphorisch auf Treue Bezug nimmt. Die Hund-Darstellung trägt daher zur pikturalen Repräsentation des Ritters als eines treuen bei. Viele pikturale Metaphern sind subtiler. Aber mag die Metapher nun subtil oder stereotyp sein, zu wissen, wem die Darstellung ähnelt, reicht nicht hin, um zu wissen, wie und was sie repräsentiert.

Selbst wo ein Bild eine klar erkennbare Ähnlichkeit mit seinem Sujet aufweist, sind wir nicht immer in der Lage, diese Ähnlichkeit wahrzunehmen. Solange wir nicht wissen, wo-

12 E. H. Gombrich, »Standards of Truth: The Arrested Image and the Moving Eye«, *The Image and the Eye*, Ithaca: Cornell University Press 1982, 245-247, dt. »Kriterien der Wirklichkeitstreue: der fixierte und der schweifende Blick«, *Bild und Auge*, Stuttgart: Klett-Cotta 1984, 241-244.

nach wir schauen, worauf wir uns konzentrieren, was wir übersehen sollen, kann es sein, daß wir eine Ähnlichkeit nicht zu sehen vermögen, die wir direkt vor Augen haben. Und ein solches Wissen ist keine angeborene Begabung, sondern eine komplexe Konstellation erworbener Fähigkeiten. Menschliche Wesen sehen farbenprächtige Pastelltupfer nicht automatisch als gesprenkelte Lichter und Schatten. Wir lernen auf diese Weise zu sehen, indem wir impressionistische Malerei zu verstehen lernen. Es ist auch nicht intuitiv ersichtlich, daß Figuren auf ägyptischen Gemälden allgemein repräsentieren. Der Unterschied zwischen dem Allgemeinen und dem Besonderen und die Art und Weise, in der dieser Unterschied piktural umgesetzt wird, sind Dinge, die gelernt werden müssen. Und unterschiedliche pikturale Systeme wenden dazu unterschiedliche Kunstgriffe an. Dies sind keine Spezialfälle. Man muß sogar lernen zu erkennen, was Fotografien repräsentieren. Wie Gombrich bemerkt, waren aufs Geratewohl geknipste Schnappschüsse bis vor kurzem unverständlich.[13] Und offensichtlich muß man eine Menge lernen, um Röntgenfotografien lesen zu können.

Zu erkennen, wem ein Bild ähnelt, ist manchmal eine Konsequenz aus der Kenntnis dessen, was ein Bild repräsentiert. Die Erfahrung beim Anschauen von Fotografien der Babies anderer Leute bestätigt dies. Im allgemeinen sehen Baby-Bilder den Babies ähnlich. Aber nicht immer ist es offensichtlich, welches Bild welchem Baby ähnelt. Wenn wir erfahren, wessen Bild wir anschauen, können bestimmte Merkmale betont werden. Wir sehen die weit geöffneten Augen und die skeptische Kinnhaltung als charakteristisch für Emilia an. Die Ähnlichkeit ist zugegebenermaßen auffallend, obwohl sie eigentlich solange nicht bemerkt wurde, bis wir die Identität des Bildsujets kennenlernten.

In ähnlicher Weise fällt es oft leichter, das Sujet eines kubistischen Bildes nach dem Lesen der Bildunterschrift zu er-

13 Gombrich, »Kriterien der Wirklichkeitstreue«, 269.

kennen. Es bereitet mir keine Schwierigkeit, die Darstellung einer Frau mit einer Gitarre zu finden, wenn ich erst einmal weiß, wonach ich suchen soll. Und ich erkenne, daß die Darstellung auf ihre Weise einer Frau mit einer Gitarre ähnelt. Aber es könnte sein, daß ich sie nie gesehen hätte, wenn ich nicht um ihr Vorhandensein gewußt hätte.

Manchmal ist die Identifikation des Sujets eines Bildes Anlaß zu einer Neuinterpretation des Werkes. Was einmal wie ein seliges Lächeln auf dem Gesicht eines Apostels aussah, wird zu einem boshaften Grinsen, wenn man den Apostel als Judas erkennt. Dies kann auch bei figurativen Symbolen vorkommen. Der Hund, den man als Symbol der Treue angesehen hat, wird als ein ironisches Symbol des Verrats rekonstruiert, wenn man den Ritter neben ihm als den treulosen Ritter Mordred des Königs Artus erkennt (*LA* 83, dt. 91).

Ähnlichkeit entpuppt sich als Ablenkungsmanöver. Daß man sie erfaßt, stellt keine Garantie für das Verstehen dessen dar, was ein Bild repräsentiert, noch schließt ihre Abwesenheit es aus. Außerdem kennzeichnet Ähnlichkeit nicht eine einzelne Beziehung zwischen Bildern und ihren Sujets; sie kennzeichnet die Elemente einer recht umfassenden Klasse von Beziehungen – einer Klasse, deren Abgrenzung nicht klar ist. Und Beziehungen der Ähnlichkeit sind für das ungeübte Auge nicht immer unmittelbar ersichtlich. Das Wissen, wie man ein Bild anschauen soll, ist nötig, um die Weisen zu erkennen, in denen es seinem Sujet ähnelt, wie es auch nötig ist, um andere pikturale Eigenschaften erkennen zu können. Wissen um andere Sachverhalte kann auch erforderlich sein – pikturale Konventionen; referentielle Beziehungen; historische, wissenschaftliche oder mythische Überlieferung, die den Kontext des Werkes ausmacht. Solche Sachverhalte erfaßt man nicht durch flüchtiges Hinschauen.

Ähnlichkeit als die Basis für pikturale Repräsentation abzulehnen bedeutet nicht, daß alles ein Bild von allem anderen sein kann. Es kann sehr wohl Beschränkungen der Struktur und Komplexität von Systemen, die wir beherrschen können, geben. Und es kann sein, daß einige Systeme leichter zu beherrschen sind als andere. Aber es kann auch sein, daß die Leichtigkeit der Beherrschung wenig mit den Einschätzungen pikturaler Ähnlichkeit zu tun hat. Illustrationen in Bilderbüchern und Karikaturen in den Samstagsausgaben gehören zu den frühesten Bildern, die Kinder beherrschen. Sie werden jedoch nicht für besonders akkurate Ähnlichkeiten ihrer Gegenstände gehalten.

Bilder sind allgegenwärtig. Ein Kind in unserer Kultur begegnet ihnen wahrscheinlich auf Plakatwänden, Postern und Verpackungen; auf den Wänden der Gebäude, die es aufsucht; in Büchern, Comic Strips und Karikaturen. Wahrscheinlich lernt es zunächst zur selben Zeit und in derselben Weise Bilder zu identifizieren wie es andere Dinge zu identifizieren lernt. Man lehrt es, Hund-Bilder und Haus-Bilder zu erkennen, gerade so wie man es lehrt, Hunde und Häuser zu erkennen. Bilder zu verstehen lernen geschieht oft in dem Kontext, in dem man etwas über andere Dinge erfährt. Das Kind, das lernt, Pferde und Zebras auseinanderzuhalten, indem es Bilder von ihnen anschaut, lernt gleichzeitig, Pferd-Bilder und Zebra-Bilder auseinanderzuhalten. Der Student, der erkrankte Organe zu erkennen lernt, indem er einen medizinischen Text studiert, lernt es auch, medizinische Abbildungen zu interpretieren. In solchen Fällen werden das pikturale Lernen und die sich daraus ergebende Bildkompetenz gern übersehen, da die Bilder zu interpretieren lernen ein Mittel zu einem anderen Zweck ist.

Dieser Zweck kann natürlich auch auf andere Weise erreicht werden. Einige Kinder lernen Zebras erkennen, indem sie Zebras direkt anschauen. Und aufmerksame Operationsassistenten könnten Lebererkrankungen erkennen lernen, indem sie kranke Lebern direkt anschauen. Aber diese Leute erwerben dabei nicht die entsprechende Bildkompetenz. Medizinische Abbildungen können für den Assistenten unverständlich bleiben, und Tierbilder für die Kinder. Um ein Bild dazu verwenden zu können, seinen Gegenstand zu identifizieren, oder den Gegenstand dazu, das Bild zu verstehen, ist das Verständnis dessen erforderlich, auf welche Weise das Bild seinen Gegenstand repräsentiert. Selbst wenn sein Gegenstand vertraut ist, bleibt ein Bild daher für diejenigen rätselhaft, die die relevanten pikturalen Praktiken nicht kennen.

Pikturales Lernen umfaßt den Erwerb eines breiten Bereichs perzeptueller und konzeptueller Fertigkeiten und die Entwicklung einer Sensitivität, was ihre Ausübung angeht. Bilder repräsentieren auf viele verschiedene Weisen. Und unterschiedliche Fertigkeiten sind erforderlich, um Bilder unterschiedlicher Art zu verstehen. Aber nicht jedes System muß von der Pike auf gelernt werden. Denn pikturales Lernen schließt auch die Entwicklung sekundärer Fertigkeiten ein. Diese versetzen uns in die Lage, unsere interpretativen Fähigkeiten zu modifizieren und zu erweitern und auf diese Weise Bilder in Systemen zu verstehen, die denen verwandt sind, die wir kennen. Einem Betrachter, der bereits in der Interpretation traditioneller realistischer Gemälde erfahren ist, bereitet es wahrscheinlich wenig Schwierigkeit, realistische Werke mit mehreren Fluchtpunkten verstehen zu lernen.

Wenn wir ein pikturales System beherrschen, sehen wir einfach, was seine Bilder repräsentieren. Der Prozeß verläuft schon so automatisch, daß wir gern vergessen, daß Interpretation stattfindet. Überlegung ist normalerweise nicht erforderlich, um zu verstehen, was auf Zeitungsfotos oder realistischen Zeichnungen repräsentiert wird. Daher ist das Unvermögen solcher Bilder, unsere Erwartungen zu erfüllen, beunruhigend. Eine paradoxe Zeichnung von Escher erinnert uns eindrucksvoll daran, daß Bilder zweidimensionale Oberflächen sind, denen wir dreidimensionale Interpretationen zu geben versuchen. Und eine Fotografie der Marsoberfläche erinnert uns daran, daß das Medium nicht seine eigene Skala für Größe und Distanz mitliefert. Die Enttäuschung unserer Erwartungen hebt so unseren kognitiven Beitrag zur pikturalen Interpretation hervor. Sie bringt Faktoren zu Bewußtsein, die häufig übersehen werden.

4. Verbindendes

Trotz ernstzunehmender Schwächen halten sich die Theorie, daß Sprachkompetenz von Regeln abhängt, und die Theorie, daß Bildkompetenz von Ähnlichkeiten abhängt, weiterhin. Warum? Hauptsächlich, denke ich, weil es an plausiblen Alternativen mangelt. Und dies wiederum findet seine Erklärung in der Auffassung von Kompetenz, die den Theorien gemeinsam ist. Beide fassen die fragliche Kompetenz als eine allgemeine Fähigkeit auf, Symbole einer gegebenen Art ausschließlich auf der Basis der Syntax und der Semantik der Symbole zu verstehen. Setzt man diese Auffassung von Kompetenz voraus, dann ist kaum einzusehen, wie irgend etwas außer allgemeinen Regeln und besonderen Ähnlichkeiten von Nutzen sein könnte.

Aber diese Auffassung von repräsentationaler Kompetenz ist ihrerseits fragwürdig. Obwohl wir eindeutig die Fähigkeit besitzen, einige Repräsentationen zu verstehen, denen wir nie zuvor begegnet sind, verstehen wir nicht jeden englischen Satz, den wir hören, oder jede pikturale Repräsentation, die wir sehen. Ein Satz aus Henry James *Die goldene Schale* oder ein Bild wie Manets *Le Déjeuner sur l'Herbe* kann sich dem Verstehen trotz der Verständlichkeit der einzelnen syntaktischen und semantischen Elemente entziehen. Wir wissen eben nicht, was wir damit anfangen sollen.

Außerdem hängt unser Verstehen von Repräsentationen oft von Wissen ab, das nicht speziell syntaktisch oder semantisch ist. Wie wir gesehen haben, kann solches Wissen nötig sein, um Feynmann von Gell-Man, eine Buche von einer Ulme, ein Lächeln von einem Grinsen zu unterscheiden. Es kann sein, daß diese Sachverhalte geklärt werden müssen, um festlegen zu können, was genau ein besonderes Symbol repräsentiert. Und solches Wissen kann erforderlich sein, um entscheiden zu können, ob die Repräsentation eines Hundes auf einem Bild oder in einer Geschichte ein Symbol für Treue, ein Symbol für Verrat oder schlicht ein Symbol für einen Hund ist.

Die Interpretation eines Symbols hängt von seiner Stellung innerhalb der verschiedenen Symbolsysteme ab, zu denen es gehört. Und sie hängt von den Systemen ab, die zur Klassifizierung des Symbols selbst verfügbar und geeignet sind.

Ein Symbolsystem ist ein System impliziter Alternativen, die zusammen die Gegenstände in einer Sphäre sortieren (*LA*, 72, dt. 81 f.). Und dasselbe Symbol kann zu mehreren Systemen gehören und auf diese Weise an den verschiedensten Sortierungen teilhaben. Die Extension von »Fisch« zum Beispiel schließt Schalentiere manchmal ein, manchmal aus. Und die Wahrheitswerte vieler Sätze über Fische variieren je nach dem System, das im Spiel ist. »Alle Fische sind Wirbeltiere« ist wahr gemäß der engen Interpretation, falsch gemäß der weiteren Interpretation des Ausdrucks. Aber viele andere Sätze verhalten sich den beiden Lesarten gegenüber indifferent. »Fische sind Meeresbewohner« und »Fische sind gute Eiweißlieferanten« bleiben gemäß beiden Interpretationen wahr. Ein isolierter Satz muß also nicht eine von beiden bevorzugen.

Ähnliches ergibt sich bei pikturalen Repräsentationen. Eine einzelne Zeichnung könnte eine Forelle, eine Regenbogenforelle, eine Steelhead (nordamerikanische Art der Regenbogenforelle, A. d. Ü.) repräsentieren. Unterschiede in der Färbung, die einen Fisch aus einer der von der Zeichnung repräsentierten Klasse ausschließen, schließen ihn nicht aus einer anderen aus. Um das Bild in seinen vielfältigen Funktionen zu verstehen, müssen wir uns klarmachen, daß es in einem System Fische ausschließt, die keine Forellen sind; in einem anderen schließt es auch Forellen aus, die keine Regenbogenforellen sind; und in einem weiteren schließt es auch Regenbogenforellen aus, die keine Steelheads sind.

Offensichtlich wird das Problem noch verwickelter, wenn die Symbole fiktive oder figurative Anwendungen zusätzlich zu den oder an Stelle der buchstäblichen, tatsächlichen haben. Oft gehört ein Symbol zu mehreren Systemen; dann müssen wir wissen, in welchen und in wie vielen von ihnen es funktioniert, um verstehen zu können, was und wie es repräsentiert.

Symbole unterliegen ihrerseits der Klassifikation. Und eine Repräsentation zu verstehen beinhaltet, daß man einige der Weisen kennt, in der sie klassifiziert wird. Wir klassifizieren Repräsentationen nach dem Gegenstand als Kreuzigungsbilder oder ärztliche Berichte; nach dem Stil als impressionistische Gemälde oder symbolistische Gedichte; nach der Gattung als Stilleben oder Kurzgeschichten. Und wir klassifizieren sie nach dem Medium als Aquarelle oder Zeitungsberichte; nach dem Autor als Monets oder Flauberts; nach dem historischen oder kulturellen Milieu als Werke der Renaissance oder als viktorianisch. Dem Wissen über eine Repräsentation und ihren Kontext, das unser Verständnis für sie prinzipiell verbessern könnte, sind ersichtlich keine Grenzen gesetzt.

Diese Punkte richten sich nicht ausschließlich auf Kunstwerke. Um zum Beispiel einen Zeitungsartikel verstehen zu können, müssen wir ihn als einen Bericht, ein Feature, eine Kolumne oder einen Leitartikel klassifizieren. Wir tun gut daran zu wissen, ob er militärischer Zensur oder Redaktionsgrundsätzen unterlag, die einschränken, was gesagt oder wie es gesagt wird. Und wir müssen die Systeme von Alternativen kennen, zu denen seine Ausdrücke gehören. Wenn wir ein Land eine befreundete Macht nennen, schließen wir dann nur solche Regime aus, die sich gerade im Kriegszustand mit uns befinden, oder auch alle jene, die unsere Interessen nicht aktiv unterstützen? Obwohl wir normalerweise nicht darüber nachdenken, gibt das Bewußtsein solcher Sachverhalte den Hintergrund ab, vor dem unser Lesen der Nachrichten Sinn ergibt.

Dadurch droht sich unser anfängliches Problem zu verhärten, weil so vieles als für die Interpretation eines Symbols relevant angesehen wird, daß das Verstehen einer Repräsentation einer außerordentlichen Leistung und nicht einem alltäglichen Ereignis gleichkommt. Der Reichtum und die Komplexität von Symbolen, die sich ergeben, sind kaum mit unserem gewöhnlichen unkritischen Verständnis von Bildern und Sätzen in Einklang zu bringen.

Der Mißstand beruht auf einem Paar verwandter falscher Auffassungen: die erste ist die Überzeugung, daß es beim Verstehen eines Symbols um alles oder nichts geht; die zweite, daß es zu einem Symbol eine einzige, eindeutig korrekte Interpretation gibt. Es wird festgestellt, daß Interpretation dann notwendig und hinreichend für das Verstehen des Symbols ist. Weniger reicht nicht aus, und mehr ist nicht nötig, um zu verstehen, was ein Symbol repräsentiert.

Verstehen läßt jedoch Abstufungen zu. Ein geringes Wissen über ein Symbol und seinen Kontext kann ein bescheidenes Verstehen dessen bewirken, was das Symbol repräsentiert. Wir erkennen, daß das Pronomen »er« und eine herkömmliche Gliederpuppe ein männliches Wesen repräsentieren, selbst wenn wir es nicht weitergehend identifizieren können. Je größer unser Vorrat an relevantem Wissen ist, um so größer sind unsere Reserven (und folglich unsere Aussichten) für das Verstehen dessen, was das Symbol repräsentiert. Außerdem kann die Zunahme des Verstehens die Anerkennung mehrerer zulässiger alternativer Interpretationen beinhalten und Anlaß dafür sein, einige bereits akzeptierte neu zu überdenken. Ein Symbol, das buchstäblich konstruiert worden war, wird metaphorisch rekonstruiert, wobei die buchstäbliche Lesart manchmal zurückgenommen, manchmal erweitert wird. Oder mehrere getrennte buchstäbliche Lesarten werden gleichgesetzt.

Natürlich sind einige Modi der Repräsentation so einfach und vertraut, daß ein Verstehen mühelos erzielt wird. Aber selbst hier kann das Verstehen trügerisch oder unvollkommen sein. Ein offensichtliches Kompliment enthält eine versteckte Kränkung; eine flüchtige Bemerkung ein Anzeichen für tiefsitzenden Groll. Psychoanalytiker und Kritiker haben gezeigt, daß selbst scheinbar einfache Repräsentationen bedeutend mehr enthalten, als eine oberflächliche Lesart enthüllt.

Beim Verstehen einer Repräsentation wie beim Verstehen von irgend etwas anderem gebrauchen wir die kognitiven Mittel, die uns zur Verfügung stehen, wobei wir uns bewußt sind, daß sie unangemessen sein können. Zu der Aufgabe, ein nicht vertrautes Bild beziehungsweise einen solchen Satz zu interpretieren, bringen wir den Hintergrund verwandter Repräsentationen mit, die wir bereits verstehen, zusammen mit den zusätzlichen Kenntnissen und Fertigkeiten, die wir einspannen können. Oft genügen diese. Wenn nicht, dann können wir durch Modifizierung und Erweiterung unseres vorhergehenden Verstehens manchmal zu einer angemessenen Interpretation gelangen. Jedoch nicht immer. Keine Regeln oder Relationen garantieren, daß eine korrekte Interpretation erzielt werden wird. Rezepte gibt es nicht. (*Elgin*)

VIII

Re-präsentierte Repräsentation

Repräsentation im Sinne von Abbildung[1] ist eine vertrackte Angelegenheit – doch wie vertrackt, das sehe ich erst jetzt allmählich ein. Wenn wir uns erst einmal von dem Dogma freimachen, daß Abbildung sich als Bezugnahme durch ein Symbol auf etwas, dem es ähnelt, definieren läßt, dann sehen wir uns der schwierigen Aufgabe gegenüber, eine geeignete Charakterisierung zu finden. In *Languages of Art* wurde eine ziemlich komplexe Bedingung als vielleicht notwendig, doch auf keinen Fall hinreichend vorgeschlagen. Seitdem habe ich ein immer tieferes Verständnis gerade dieser Bedingung – wie auch der Schwierigkeiten, zu einer hinreichenden Bedingung zu kommen – und natürlich des ganzen Problems der Abbildung gewonnen.

1. Antworten

Fast jeder weiß, daß der Unterschied zwischen einem Bild von Paris und einem Namen oder einer Beschreibung davon darin besteht, daß das Bild der Stadt ähnlicher ist. Das ist natürlich Unsinn; Ähnlichkeit ist für Abbildung weder erforderlich noch ausreichend. Das Wort »word« ist dem Wort »world« sehr ähnlich und denotiert dieses Wort und auch jedes andere, aber es ist doch kein Bild dieses Wortes; und eine Postkarte von Paris ist der Stadt so wenig ähnlich, wie sie es nur sein kann. Die Annahme, daß die Unterscheidung zwischen pikturalen oder ›ikonischen‹ und anderen Symbo-

1 »Repräsentation« ist ein in besonderer Weise mehrdeutiger Ausdruck. In *Languages of Art* wird er ausdrücklich für pikturale Repräsentation gebraucht. Diese nenne ich jetzt lieber *Abbildung* und reserviere »Repräsentation« für einen weniger strengen und flexibleren Gebrauch.

len auf Ähnlichkeit beruht, stellt nichtsdestoweniger einen verbreiteten und verderblichen Fehler dar. Im vorhergehenden Kapitel haben wir mit einiger Ausführlichkeit gesehen, warum die Kompetenz, ein neues Bild zu verstehen, nicht davon abhängen kann, daß man seine Ähnlichkeit mit dem entdeckt, was es repräsentiert. Hier kommt der weitere Punkt hinzu, daß eine solche Ähnlichkeit nicht einmal den Unterschied zwischen Symbolen, die abbilden, und solchen, die es nicht tun, erklären kann.

Aber sind von den Symbolen, die abbilden, nicht diejenigen die realistischeren, die dem, was sie abbilden, in der Ähnlichkeit am nächsten kommen? Auch dies ist schief, insofern es unterstellt, daß komparative Ähnlichkeit eine vorausgehende Konstante ist, die als Maßstab für Realismus kandidiert. Bei der Ähnlichkeit geht es zum Beispiel nicht darum, wieviele Eigenschaften zwei Dinge gemeinsam haben; denn je zwei Dinge haben genau dieselbe Anzahl von Eigenschaften gemeinsam. Ähnlichkeit ändert sich je nach der relativen Gewichtung unter den gemeinsamen Eigenschaften und folglich je nach Interesse, Kontext und Gewohnheit. In einem bestimmten Abschnitt einer bestimmten Kultur gilt ein Bild einer verbreiteten Verwendung[2] gemäß in dem Maße als realistisch, als es in der gewohnten Weise abbildet; Realismus bedeutet Übereinstimmung mit geläufiger pikturaler Praxis. Indem sie bestimmte Merkmale, die solche Bilder mit ihren Sujets teilen, in den Vordergrund stellt, trägt diese Praxis dazu bei, diese Bilder ihren Sujets ähnlicher zu *machen* – und wirkt sich sogar auf das aus, was Ähnlichkeit zwischen Gegenständen konstituiert. Sowohl der Realismus als auch die Ähnlichkeit können durch einen Wechsel in den Gewohnheiten zunehmen oder abnehmen oder völlig verschwinden. Abstufungen der Ähnlichkeit und des Realismus sind flüchtige, interagierende Eigenschaften, die je nach Praxis schwanken.

2 Zu den verschiedenen Verwendungsweisen von »realistisch« siehe »Drei Typen des Realismus«, *MM*, 126-130, dt. 181-186.

Obwohl Ähnlichkeit also auf verwickelte Weise mit Realismus zusammenhängt, unterscheidet sie doch bei Symbolen nicht zwischen Bildern und Nichtbildern. Wörter, die verschlissen und verbraucht sind, verwandeln sich nicht in Bilder. Was unterscheidet dann pikturale Repräsentation etwa von verbaler Beschreibung?

Nirgendwo in meinen Schriften habe ich bis heute eine Definition von Abbildung vorgeschlagen, sondern lediglich die Vermutung ausgesprochen, daß die alltägliche Klassifikation von Symbolen in Bilder und Nichtbilder in einer wichtigen Weise mit der Grenzlinie zwischen Symbolen in einem dichten oder ›analogen‹ System und jenen in einem endlich differenzierten oder ›digitalen‹ System zusammenhängt. Analog zu sein erscheint vielleicht als notwendige Bedingung für eine Abbildung, aber nicht als hinreichende; ein skalenloses Thermometer zeigt in einem analogen System Temperaturen an, aber es stellt sie im allgemeinen Sprachgebrauch nicht bildlich dar.

Um einer Definition der Abbildung näher zu kommen, könnten wir solche Fälle wie Diagramme und skalenlose Instrumente ausschließen, indem wir zusätzlich die von mir so genannte Fülle fordern. Ein Symbol ist um so voller, je mehr von seinen Merkmalen anteilmäßig symbolisch funktionieren. Bei einem linearen Diagramm zum Beispiel sind nur Unterschiede der Lage zwischen Punkten auf der Linie im Hinblick auf die Koordinaten wichtig; die Dicke und die Farbe der Linie spielt keine Rolle. Bei einer Zeichnung dagegen – einer linearen Abbildung – sind all diese und noch andere Merkmale wichtig. Die Zeichnung ist voller als das Diagramm, selbst wenn dieselbe Linie in einigen Zusammenhängen als Zeichnung und in anderen als Diagramm funktioniert. Abbildungen sind gewöhnlich in hohem Maße voll.

Fülle, in meinem Werk sonst (*LA*, 252, dt. 253) als ein Symptom des Ästhetischen aufgeführt, kann daher auch ein Faktor bei der Abbildung sein. Fügt man das Erfordernis der komparativen Fülle dem des Analogseins hinzu, dann zieht man die Grenzlinie um die Subklasse der Symbole, die Abbildungen sind, etwas enger. Ob eng genug, muß noch geprüft werden, aber davor müssen wir etwas sorgfältiger erwägen, ob unsere erste Bedingung an einigen Stellen die Grenzlinie nicht schon zu eng gezogen haben kann.

Ist eine Abbildung wirklich stets ein analoges Symbol? Ist Dichte tatsächlich eine notwendige Bedingung für Abbildung? Ein klares Gegenbeispiel scheint ein Porträt von Abraham Lincoln oder einem Einhorn darzustellen, das dadurch zustandekommt, daß man auf einem weißen Gitter bestimmte Quadrate schwarz ausfüllt (*MM*, 86 und Anm. 20, dt. 128, Anm. 1). Haben wir hier nicht ein digitales Bild? Und wird dadurch die Vorstellung, das Pikturale mit Hilfe des Analogen definieren zu können, nicht von Grund auf in Frage gestellt?

Wir müssen hier auf unsere Sprache achten. Wenn die zu einer Frage vorgelegten Antworten sich als derart falsch erweisen, dann ist die Zeit reif, die Ausdrücke unseres Diskurses erneut zu prüfen, und zwar sowohl die alltäglichen als auch die technischen Begriffe, mit denen wir arbeiten, und vielleicht sogar die Fragestellung, zu der wir eine Antwort suchen.

2. Begriffe

Im vorliegenden Abschnitt möchte ich einen kurzen Überblick über das Grundvokabular der Symboltheorie, wie ich sie in meinen früheren Schriften skizziert habe, geben und es bis zu einem gewissen Grade revidieren. Der Grundbegriff ist *Bezugnahme* oder Symbolisierung, die Beziehung zwischen einem Symbol und dem, wofür es in irgendeiner Weise steht. Als Grundbeziehung wird sie nicht definiert, sondern mit Hilfe ihrer verschiedenen Spielarten expliziert, und zwar (1) *Denotation*, Bezugnahme durch ein Wort oder ein anderes Etikett auf etwas, worauf es zutrifft, wie bei der Benennung oder der Prädikation, und (2) *Exemplifikation*, Bezugnahme durch einen Einzelfall als einer Probe auf ein Etikett, das ihn denotiert. »Etikett« ist ziemlich allgemein zu verstehen, so daß es sowohl Bilder als auch Wörter umfaßt; und in vielen Kontexten kann man »Etikett für« alternativ als »Eigenschaft von« auffassen. Bezugnahme kann auch vermittelt sein, nämlich über eine Kette von Gliedern, von denen jedes einen Fall von Denotation oder Exemplifikation darstellt. Und Bezugnahme kann buchstäblich oder metaphorisch sein; zum Beispiel denotiert »schreiend« eine bestimmte Krawatte metaphorisch, wenn überhaupt, und eine Zeichnung exemplifiziert Bewegung metaphorisch, wenn überhaupt. *Ausdruck* braucht solche metaphorische Exemplifikation.

Ein Symbol*schema* setzt sich aus *Charakteren* zusammen; jeder von ihnen ist eine Klasse aus einem oder mehreren einzelnen Symbolen, die innerhalb dieses Schemas untereinander austauschbar – äquivalent oder Charakter-indifferent – sind. Das geschriebene Alphabet zum Beispiel ist ein Symbolschema, in dem jeder Buchstabe aus seinen vielen einzelnen Marken oder Inskriptionen besteht. In anderen Schemata können die Charaktere Individuen sein. »Symbol« trifft in gleicher Weise auf einzelne Symbole und auf Charaktere zu, die aus mehreren von ihnen bestehen.

In allen Schemata, die wir betrachten müssen, sind die verschiedenen Charaktere disjunkt; keine zwei haben irgendwelche Einzelfälle gemeinsam. Unter anderen Umständen kann es sein, daß in einer Kette von Ersetzungen eines Einzelfalls eines Charakters durch einen anderen der Anfang und das Ende keine Einzelfälle desselben Charakters sind. In artifiziellen Schemata läßt sich Disjunktivität durch Vorschrift herstellen. In traditionellen Schemata wie dem Alphabet läßt sich Disjunktivität durch eine Praxis einführen, die sich weigert, eine Marke zum Beispiel als ein »a« und als ein »d« zu akzeptieren.

Die Charaktere eines Schemas können, selbst wenn sie disjunkt sind, *effektiv differenziert* sein oder nicht. Zwei Charaktere *K* und *K'* sind effektiv differenziert dann und nur dann, wenn sich für jede Marke *m*, die nicht zu beiden gehört, festlegen läßt, daß *m* entweder nicht zu *K* oder daß *m* nicht zu *K'* gehört. Nehmen wir zum Beispiel an, daß ein Charakter C_1 aus Liniensegmenten von einem halben Meter Länge besteht, C_2 dagegen aus Liniensegmenten von einem Meter Länge. Jedes Liniensegment ist dann ohne weiteres festgelegt als entweder nicht zu C_1 oder nicht zu C_2 gehörig. Aber nehmen wir nun an, daß C_3 aus allen Liniensegmenten besteht, die länger als ein Meter sind (beziehungsweise alternativ aus Liniensegmenten, die um einen nicht meßbaren Bruchteil eines Meters länger als ein Meter sind). Dann gibt es ein Liniensegment *s*, das so geringfügig länger als ein Meter ist, daß sich weder festlegen läßt, daß es länger als ein Meter noch daß es nicht länger ist; und deshalb läßt sich weder festlegen, daß es nicht zu C_2 gehört, noch daß es nicht zu C_3 gehört. In diesem Falle verhindert die Spezifizierung der Charaktere die Differenzierung. In der Praxis spielt es nicht nur eine Rolle, ob die Differenzierung theoretisch möglich ist, sondern ob sie mit den Mitteln erreicht werden kann, die zur Verfügung stehen und der gegebenen Verwendung des gegebenen Schemas angemessen sind. Solche effektive Differenzierung ändert sich offensichtlich mit den Umständen. In einigen Fällen können äußerst präzise Messungen nötig sein; in anderen gilt bloßes Zusammenpassen als fehlende Differenzierung. Überdies ist Differenzierung nicht immer eine Frage der Messung oder von Beurteilungen des Zusammenpassens oder Nichtpassens, sondern kann zum Beispiel Gesichtspunkte des Kontextes mit einschließen: Zwei Marken, die der Gestalt, der Größe, der Farbe und so weiter nach exakt dieselben sind, können so beschaffen sein, daß der eine festgelegt wird, kein »a« zu sein, der andere, kein »d« zu sein, nämlich dadurch, daß man die umgebenden Buchstaben-Marken berücksichtigt (*LA*, 137-

140, dt. 144-147). In traditionellen Schemata wie dem Alphabet kann die Differenzierung ebenso wie die Disjunktivität durch eine Praxis erreicht werden, die nicht nur ausschließt, daß irgendeine Marke zu zwei Charakteren gehört, sondern auch, daß irgendeine Marke nicht festgelegt wird als nicht zu dem einen oder nicht zu dem anderen von zwei beliebigen Marken gehörig.

Differenzierung, wie sie hier konstruiert wird, ist kein vertrauter Begriff, aber das Differenzierte ist dem Digitalen hinreichend ähnlich, so daß ein durchgängig differenziertes Schema – nämlich derart, daß je zwei seiner Charaktere effektiv differenziert sind – *digital* genannt werden kann. Nichtdigitale Schemata erstrecken sich von solchen mit nur zwei nichtdifferenzierten Charakteren bis zu dichten Schemata in einer oder mehreren Dimensionen; aber die vielen Spielarten innerhalb dieses Bereichs brauchen uns hier nicht allzu sehr zu interessieren. Wir brauchen lediglich als *analog* (vor den mit dem Ausdruck verbundenen irreführenden Vorstellungen wird gewarnt) Schemata auszuzeichnen derart, daß es zwischen je zwei Charakteren in dem Schema einen Pfad aus Paaren nichtdifferenzierter Charaktere gibt; das heißt, derart, daß je zwei Charaktere durch den Vorfahr der Nichtdifferenzierung in dem Schema miteinander verbunden sind.

Spezifizierung eines Symbolschemas geschieht rein syntaktisch mit Hilfe seiner Charaktere ohne Rücksicht auf das, wofür sie, wenn überhaupt, stehen. Wenn ein Symbolschema zusammen mit dem, worauf seine Charaktere Bezug nehmen, betrachtet wird, dann sprechen wir von einem *Symbolsystem*; und offensichtlich kann ein Schema vielen unterschiedlichen Systemen gemeinsam sein. Semantische Merkmale wie etwa das Vorhandensein oder Fehlen von Ambiguität, von semantischer Disjunktivität und von semantischer Differenzierung werden relevant, wenn Systeme zur Diskussion stehen. Aber vorläufig können wir unsere Aufmerksamkeit auf Schemata beschränken.

3. Digital und analog

Natürlich war nur weniges hiervon erforderlich, um den Irrtum ziemlich klar herauszustellen, der aus dem aus Punkten zusammengesetzten Bild von Abraham Lincoln oder von einem Einhorn ein Gegenbeispiel zu der Hypothese werden läßt, daß Bilder analoge Symbole sein müssen. Aber was das Gegenbeispiel disqualifiziert, das disqualifiziert auch die Hypothese selbst. Ist das aus Punkten zusammengesetzte Bild kein digitales Bild? Nein, weil kein Symbol – was in unserer einleitenden Erörterung nicht sorgfältig beachtet wurde – an sich digital und keines an sich analog ist. »Digital« und »analog« treffen nicht auf isolierte Symbole, sondern auf Symbolschemata zu. Da Schemata keine Bilder und Bilder keine Schemata sind, kann uns gerade die Frage, wie das Pikturale und das Analoge zusammenhängen, einigen Ärger bereiten.

Lautet die zu prüfende Hypothese dann, daß ein Bild ein Symbol in einem analogen Schema sein muß? Und ist daher das aus Punkten zusammengesetzte Bild ein ausschlaggebendes Gegenbeispiel? Diese Formulierung hat kaum irgendwelche Vorzüge. Denn das aus Punkten zusammengesetzte Bild gehört zwar zu einem digitalen Schema, aber es gehört, wie jedes andere Symbol, auch zu manch einem analogen Schema; und in der Tat gehört jedes Bild, ob aus Punkten zusammengesetzt oder nicht, zu irgendwelchen digitalen Schemata. Wie ich später zeigen werde, gehören Symbole im allgemeinen zu beiden Schematypen und teilen sich deshalb nicht gemäß dem Schematyp, zu dem sie gehören, in digitale und analoge auf. Wiederum scheitern Hypothese und Gegenbeispiel miteinander.

Unser aus Punkten zusammengesetztes Abraham Lincoln- (oder Einhorn-)Bild ist eine Karte mit einem Muster aus schwarzen und weißen Quadraten. Es gehört zu einem Schema, dessen Charaktere Karten mit Quadraten sind, die dasselbe Gitter haben, das auf unterschiedliche Weise schwarz und weiß ausgefüllt wird. Der Einfachheit halber können wir annehmen, daß das Schema für jedes unterschiedliche Muster eine und nur eine Karte vorsieht.[3] Von den Karten dieses Packs *A* sind einige Bilder, einige Inskriptionen von Buchstaben, Wörtern, Zahlen und so weiter, und einige gehören keiner bekannten Kategorie an. Da die Karten effektiv differenziert sind, ist das Schema digital.

Nun nehmen wir an, daß wir *A* ergänzen, indem wir viel mehr Karten derselben Größe vorsehen, eine für jedes Muster, wobei das Quadrat auf irgendeine Weise mit Schwarz, Grautönen, Weiß ohne Beschränkung auf irgendein Gitter ausgefüllt wird, so daß nicht nur alle aus Punkten zusammengesetzten Muster, sondern auch alle mit Nuancierungen irgendwelcher Art eingeschlossen sind. In diesem erweiterten Pack *A'* ist jede Karte von vielen anderen undifferenziert; das Schema ist analog und sogar durchgängig dicht. Doch obwohl *A'* analog ist, schließt es *A* und viele andere digitale Schemata mit ein. Solche digitalen Subschemata kann man sich so vorstellen, daß sie aus einer Operation der *Eliminierung* über *A'* hervorgegangen sind, die auf die eine oder andere Weise zumindest genügend Charaktere beseitigt, um die verbleibenden Charaktere differenziert zurückzulassen. Zum Beispiel entsteht *A* dadurch, daß Charaktere aus *A'* auf irgendeinem Pfad aus Nichtdifferenzierungsschritten zwischen zwei beliebigen der aus Punkten zusammengesetzten Charaktere von *A* beseitigt werden. Ein digitales Schema braucht jedoch nicht aus Charakteren zu bestehen, die aus Punkten zusammengesetzt sind, sondern kann sich aus mehreren nuancierten Bildern zusammensetzen. Solange sie effektiv differenziert sind und Charaktere ausgeschlossen sind, die irgendwelche verbindenden Pfade bilden, ist das Schema digital. Mit anderen Worten, nicht aus Punkten zusammen-

3 »Schema« kann sich auf eine Menge von Charakteren oder auf eine Spezifizierung einer solchen Menge beziehen. Da oft nicht exakt festlegbar ist, welche Charaktere im Laufe der Zeit tatsächlich existieren, ist es gewöhnlich wichtiger, welche Charaktere eine Spezifizierung vorsieht.

gesetzte Bilder gehören zu ebenso vielen digitalen Schemata wie aus Punkten zusammengesetzte Bilder. Im allgemeinen schließt ein analoges Schema viele digitale Schemata ein, und ein digitales Schema ist in vielen analogen Schemata eingeschlossen; aber offensichtlich schließt kein digitales Schema ein analoges Schema ein.
Bilder in *A* bilden ein digitales, Bilder in *A'* ein analoges Schema. Des weiteren bilden Buchstaben-Marken in *A* ein digitales Schema, Buchstaben-Marken in *A'* ein analoges. Aber weder in *A* noch in *A'* sind alle verschiedenen Buchstaben-Marken als verschiedene Charaktere anzusehen. Zum Beispiel gelten Marken in Kursivdruck, in Magerdruck, in gotischer Schreibschrift und so weiter alle als derselbe Charakter, derselbe Buchstabe. Daher kann das Buchstabenschema *L* in *A'* nicht nur durch eine Eliminierung erreicht werden, die undifferenzierte Inseln von Marken zurückläßt (Inseln derart, daß jede Marke auf der einen effektiv differenziert ist von jeder Marke auf jeder anderen); mit ihr muß eine *Gleichsetzung* einhergehen – das heißt, alle Marken auf jeder Insel müssen als Charakter-indifferent, als innerhalb des Schemas äquivalent und austauschbar, gelten. Mit anderen Worten, alle Marken in L sind zwar Marken in *A'*, dennoch haben *L* und *A'* keine Charaktere gemeinsam. Obwohl die Buchstaben-Marken in *A'* ein analoges Schema bilden, ist *L* ein digitales Schema. Aber vielleicht ziemlich unerwartet ist jeder Charakter in *L* eine analoge Menge von Marken; das digitale Buchstabenschema besteht aus Charakteren, die selbst intern nichtdigital sind.

4. Fragen

Diese ganze Diskussion über digitale und analoge Schemata scheint zur Definition des Unterschieds zwischen Bildern und anderen Symbolen kaum etwas beizutragen. Bilder wie Nichtbilder, ob aus Punkten zusammengesetzt oder nicht, gehören vielen digitalen und analogen Schemata an. Und auf welche Weise werden Bilder von anderen Symbolen *innerhalb* eines Schemas unterschieden? In *A* und *A'* zum Beispiel sind einige der Karten Bilder, einige nicht. Was macht den Unterschied aus oder markiert ihn?

Beständige Schwierigkeiten bei der Beantwortung einer Frage legen es nahe, sich genau anzuschauen, wie die Frage lautet. Man muß nicht viel nachprüfen, um erkennen zu können, daß Diskussionen dieser Art hier und anderswo zwischen mehreren unterschiedlichen Fragestellungen hin und her schwankten und sie miteinander verwechselten. Wir haben verschiedentlich danach gefragt, wie sich Abbildung definieren läßt, wie sich Bilder von allen anderen Symbolen unterscheiden lassen, wie sich das Pikturale vom Deskriptiven unterscheiden läßt und so weiter. Solche Fragestellungen unterscheiden sich erheblich voneinander. Wir wollen mit einer beginnen und von dort aus weiterarbeiten.

Hin und wieder haben wir es als Aufgabe angesehen, notwendige und hinreichende Bedingungen zu formulieren, die abbildende Symbole in Absetzung von allen anderen definieren. Dies bedarf jedoch in einigen Hinsichten der Verfeinerung. Zunächst einmal besteht die Aufgabe nicht darin, Symbole, die abbilden, von solchen zu unterscheiden, die überhaupt nicht denotieren, sondern vielmehr darin, Abbildungen, ob sie nun etwas denotieren oder nicht, von anderen Symbolen zu unterscheiden; das heißt, Bilder, ob sie nun von tatsächlichen Sujets handeln oder nicht, von Nichtbildern zu unterscheiden. Zweitens richtet sich unser Interesse zu Anfang nicht darauf, Bilder auf einen Schlag von *allen* anderen Symbolen zu unterscheiden, sondern speziell von Namen und Beschreibungen – also darauf, das Pikturale vom Linguistischen oder Sprachlichen zu unterscheiden.

5. Bilder und Prädikate

Wir haben oft genug gesehen, daß pikturale Symbole sich nicht dadurch unterscheiden lassen, daß sie dem ähneln, was sie denotieren, daß sie analog sind oder daß sie zu analogen Schemata gehören; denn einige Bilder denotieren nichts, kein Symbol ist von sich aus analog oder digital, und alle Symbole gehören zu vielen digitalen und analogen Schemata. Überdies sind einige Schemata, die ganz und gar aus Bildern bestehen (zum Beispiel die Bilder in unserem Pack *A* oben), digital.

Aber betrachten wir nun zwei umfassende Schemata: *S*, das aus allen Beschreibungen oder *Prädikaten* (einschließlich Namen, beschreibenden Ausdrücken und so weiter) in einer Sprache wie etwa dem Englischen besteht; und *S'*, das aus allen Bildern (was immer gemäß einer gegebenen Standardverwendung ein Bild oder ein anderes pikturales Symbol ist) besteht. Das heißt, vergleichen wir die vorsystematischen Begriffe der Beschreibung und des Bildes in einer gegebenen Kultur. Nun nehmen wir an, daß wir von *S* und *S'* nicht wissen, welches das pikturale oder welches das verbale Schema ist, sondern nur die Strukturen der Schemata, die Beziehungen der Charaktere zueinander in jedem von ihnen mit Hilfe der effektiven Differenzierung in Erfahrung bringen. Auf welche Weise läßt sich festlegen, welches das pikturale Schema ist? Offensichtlich reicht irgendeiner der vielen Unterschiede zwischen den beiden dazu aus, aber wir möchten mehr als einen *ad hoc*-Unterschied zwischen *S* und *S'*, wir möchten einen Unterschied, der allgemein dazu dienen soll, das vollständige pikturale Schema von dem vollständigen deskriptiven Schema irgendeiner Sprache zu unterscheiden. Dieser auffallende Unterschied besteht darin, daß *S'* im Gegensatz zu *S* analog ist.[4] Das Pikturale und das Analoge sind

4 Dies trifft nicht allgemein auf Subschemata zu, da ein Schema, das nur aus Bildern besteht (zum Beispiel jene aus unserem Pack *A* oben), digital sein kann. In einem digitalen Schema kann ein Bild als Buchstabe oder als

deshalb klar miteinander verbunden. Ein vollständiges Schema ist piktural *nur dann, wenn* es analog, verbal, *wenn* es digital ist. Mit anderen Worten, nicht jedes analoge vollständige Schema ist piktural, und nicht jedes digitale vollständige Schema ist verbal.

Wir sind also nicht bis zu einer Definition von Bildern, pikturalen Schemata oder gar von vollständigen pikturalen Schemata gekommen. Wir haben das Pikturale vom Verbalen innerhalb vollständiger Schemata unterschieden, aber wir haben das Pikturale nicht von anderen analogen vollständigen Schemata unterschieden und auch nicht das Verbale von anderen digitalen vollständigen Schemata. Solche weiteren, noch benötigten Unterscheidungen zu treffen, ist ein berechtigtes Schritt für Schritt-Vorgehen in der Symboltheorie. Nach einem früheren Vorschlag kann Fülle in die Unterscheidung des Pikturalen vom Diagrammatischen Eingang finden; und Merkmale, die das Notationale vom Verbalen unterscheiden, sind in *Languages of Art* ziemlich ausführlich untersucht worden. Diese Arbeit soll hier jedoch nicht weitergeführt werden; das primäre Anliegen der vorliegenden Studie ist damit erfüllt, daß die bedeutendere Unterscheidung zwischen dem Pikturalen und dem Verbalen – zwischen Bildern und Prädikaten – gezogen worden ist.

Diese Unterscheidung ist mit Hilfe rein syntaktischer Merkmale ganz unabhängig davon gezogen worden, was die Symbole denotieren oder worauf sie in anderer Weise Bezug nehmen. Das war natürlich unumgänglich, da Bilder nicht nur Symbole wie etwa Einhorn-Bilder umfassen, die nur vorgeblich denotieren, sondern auch abstrakte Gemälde, Zeichnungen, Drucke, die nicht einmal zu denotieren vorgeben, sondern auf andere Weisen, etwa durch Exemplifikation und Ausdruck, Bezug nehmen. Was pikturale Symbole

Wort dienen. Ein Symbol funktioniert als ein Bild nur, wenn es als ein Charakter in dem vollständigen pikturalen Schema angesehen wird. Zum Schaden des Experimentierens mit dem Unterschied zwischen verbaler und pikturaler Symbolverarbeitung ist dies manchmal übersehen worden.

auszeichnet, beruht nicht auf Ähnlichkeit oder irgendeiner anderen Beziehung zu etwas, worauf sie Bezug nehmen können, sondern auf ihren syntaktischen Beziehungen zueinander. Das Pikturale läßt sich nicht aufgrund der Ähnlichkeit von Bildern mit etwas anderem unterscheiden, sondern aufgrund eines Mangels an effektiver Differenzierung zwischen ihnen. Ist es möglich, daß sich – ironisch, ikonisch – ein Ähnlichkeitsgespenst im Gewand der Nichtdifferenzierung zurückschleicht, um unsere Unterscheidung zwischen Bildern und Prädikaten heimzusuchen? (*Goodman*) [illegible] die Ähnlichkeit [illegible]

[illegible] Ähnlichkeit [illegible] Identitätsbehauptung [illegible] unsere Unterscheidung zwischen [illegible] und Prädikat [illegible]

Dritter Teil
Vorwarnungen

IX

Die epistemische Wirkweise der Dummheit

1. Verlegenheiten der Intelligenz

Sokrates behauptete von sich, der weiseste Mensch zu sein, weil er allein wußte, daß er nichts weiß. Obwohl sein Geständnis bezeichnenderweise ironisch verstanden wird, kann es sein, daß er die Wahrheit gesagt hat. Denn gegenwärtige populäre Erkenntnistheorien führen zu der überraschenden Schlußfolgerung, daß Dummheit die Aussichten auf Wissen erhöhen und Intelligenz sie vermindern kann. Wenn also irgendeine dieser Theorien korrekt ist, kann es sein, daß Sokrates genau deshalb weniger gewußt hat als andere, weil er weiser war als sie.

Ich werde zeigen, daß eine unbewußte Bevorzugung der Dummheit sowohl für internalistische wie externalistische Erkenntnistheorien charakteristisch ist. Sie rührt aus den gemeinsamen Überzeugungen her, daß (a) unsere epistemische Zielsetzung darin besteht, einen Satz zu akzeptieren (oder zu glauben), wenn er wahr ist, und abzulehnen (oder nicht zu glauben), wenn er falsch ist, und daß (b) der Standard für die Akzeptierbarkeit nicht zu hoch angesetzt werden kann, weil sonst der Skeptizismus die Oberhand gewinnt. Die epistemische Nutzlosigkeit der Intelligenz, die daraus folgt, ist nicht in der fatalistischen Schlußfolgerung des Skeptikers zu sehen, daß Dummköpfe nicht schlechter dran sind als der Rest, da ja niemand etwas weiß. Sie ist in dem beunruhigenden Resultat zu sehen: Da Qualitäten des Geistes wie Sensibilität, Vielseitigkeit und logischer Scharfsinn oft die Erfül-

Mein Dank gilt Warren Goldfarb, der mich an seiner Weinkennerschaft, und Kenneth Winkler, der mich an seinem Wissen über Vögel teilhaben ließ.

lung der Wissenserfordernisse beeinträchtigen, sind Individuen, denen solche Qualitäten fehlen, epistemisch überlegen. Das Streben nach Wissen kann dann durch die Pflege der Beschränktheit gefördert werden.

Der Aufweis, daß dies aus allen gängigen Erkenntnistheorien folgt, wäre uninteressant. Deshalb habe ich mich auf vier von ihnen konzentriert – zwei externalistische und zwei internalistische. Sie stellen die vorherrschenden Typen in der gegenwärtigen epistemologischen Theoriebildung dar. Und die Schwierigkeiten, auf die ich stoße, sind keine Schwierigkeiten im Detail. Wenn nämlich alle vier kognitive Mängel als für das Wissen förderlich ansehen, besteht ein Grund zu der Annahme, daß eine Festlegung auf die epistemische Wirkweise der Dummheit eine Krankheit der gegenwärtigen Epistemologie ist. Gegen Ende dieses Kapitels überlege ich, was aus diesem Befund zu machen ist.

Gegenwärtige Erkenntnistheoretiker stimmen zumindest in folgendem überein: Wie gut auch immer jemandes Gründe für *p* sein mögen, so kann man doch, wenn *p* falsch ist, nicht wissen, daß *p*; Wissen erfordert dann Wahrheit. Außerdem kann man nicht wissen, daß *p*, ohne daß man auf *p* kognitiv festgelegt ist; Wissen erfordert auch Überzeugung oder Akzeptierung. Und man kann nicht wissen, daß *p*, wenn jemandes Überzeugung, daß *p*, zufällig ist; also erfordert Wissen eine Bindung.

Internalisten verstehen die Bindung epistemisch. Wissen, behaupten sie, wird durch Rechtfertigung genau festgelegt, die dem erkennenden Subjekt zugänglich ist. Meinungsverschiedenheiten unter ihnen richten sich auf die Kriterien für die epistemische Zugänglichkeit und die Reichweite der zugänglichen Information, die das Subjekt berücksichtigen muß. So gehen ihre Meinungen auseinander zum Beispiel über den epistemischen Status nicht anerkannter Implikationen von Dingen, die man explizit weiß, oder über untergrabende Evidenz, die man nicht besitzt, aber besitzen könnte.

Externalisten verstehen die Bindung metaphysisch. Sie behaupten, daß eine wahre Überzeugung, um Wissen werden zu können, notwendigerweise mit der Tatsache verknüpft werden muß, die sie wahr macht, oder mit Tatsachen, aus denen ihre Wahrheit folgt. Ihre Meinungen gehen über die Art der erforderlichen Notwendigkeit auseinander, sie sind sich jedoch darin einig, daß sie nicht innerhalb der Kenntnis des Subjekts zu liegen braucht. Ein Individuum kann wissen, daß *p*, auch wenn es sich dessen nicht bewußt ist, daß seine Überzeugung, daß *p*, sich in geeigneter Weise auf die Tatsachen bezieht. Einige fassen die metaphysische Bindung, ob bekannt oder unbekannt, so auf, daß sie die Rechtfertigung für eine Überzeugung darstellt, wobei sie einräumen, daß die Rechtfertigung epistemisch unzugänglich sein kann. Andere folgen dem Internalismus in der Forderung, daß die Rechtfertigung epistemisch zugänglich sein soll, streiten jedoch ab, daß die Rechtfertigung für das Wissen wesentlich oder notwendig ist. Um Verwirrung zu vermeiden, spreche ich von externen Bindungen und lasse es offen, ob die Bindung einer Überzeugung ihre Rechtfertigung liefert.

2. Wissen von außen

Kausale Erkenntnistheorien behaupten: Damit ein Subjekt weiß, daß *p*, muß seine wahre Überzeugung, daß *p*, durch die Tatsache, daß *p*, verursacht sein oder durch Tatsachen, aus denen folgt, daß *p*.[1] Verfeinerte Versionen fordern, daß die kausale Verbindung gesetzesartig sein soll, so daß Wissen sich nicht aus einer zufälligen Mischung von Umständen ergeben kann. Solche Theorien erklären abgeleitetes Wissen dadurch, daß sie geltend machen, folgernde und logische Beziehungen könnten Teile von Kausalketten sein.
Einer kausalen Theorie zufolge wird dann meine wahre

1 Alwin Goldman, »A Causal Theory of Knowing«, *Journal of Philosophy* 64 (1967), 357-372, und »Discrimination and Perceptual Knowledge«, *Journal of Philosophy* 73 (1976), 771-791.

Überzeugung, daß sich vor mir eine gelbe Oberfläche befindet, durch eine neurophysiologische Reaktion auf das Vorhandensein von Gelb in meinem Sehfeld verursacht. Eine Folge optischer und neuraler Ereignisse, die die Oberfläche mit einem Gehirnzustand verbindet, ist für die Hervorbringung meiner Überzeugung verantwortlich. Wenn diese Folge einen Einzelfall eines Naturgesetzes darstellt, dann weiß ich, daß die Oberfläche gelb ist. Es ist kein Zufall, daß ich glaube, was ich tue; denn unter der Voraussetzung der Naturgesetze und der Umstände, in denen ich mich befinde, ist meine Überzeugung eine notwendige Konsequenz aus der Tatsache, daß die Oberfläche gelb ist.

Solche kausalen Verbindungen sind geläufig. Es ist kein Zufall, daß normale Wahrnehmende typischerweise glauben, daß Gegenstände die Farben haben, die jene Gegenstände tatsächlich haben; denn ihre Überzeugungen werden normalerweise durch die gesetzesartigen Reaktionen des menschlichen Nervensystems auf das Vorhandensein jener Farben verursacht. Da dem so ist, behaupten Kausaltheoretiker, daß normale Wahrnehmende im allgemeinen wissen, welche Farben die Gegenstände haben, die sie wahrnehmen. Weil für kausale Theorien keine epistemisch zugängliche Rechtfertigung erforderlich ist, können sie anerkennen, daß unreflektierte und unintelligente Leute oft imstande sind, etwas zu wissen. Watson ist genauso wie Holmes in der Lage zu wissen, daß die Oberfläche vor ihm gelb ist. Und so sollte es auch sein. Kognitive Virtuosität ist für Wissen dieser Art kaum erforderlich.

Aber scheinbar entsprechende Schlußfolgerungen sind weniger erfreulich. Nehmen wir eine, die den Geschmackssinn betrifft. Holmes, das wollen wir annehmen, ist ein Weinkenner, während Watson nur die offenkundigsten Unterschiede unter den Weinen beachtet. Die beiden trinken eine Flasche Bordeaux, und weil er die geeigneten Nervenden stimuliert und die passenden neurologischen Verbindungen zustandebringt, verursacht er in jedem die Überzeugung, daß er Bordeaux trinkt. (Der Anschaulichkeit halber können wir annehmen, daß sich ihre Reaktionen neurologisch nicht voneinander unterscheiden.) Den Kausaltheorien zufolge weiß sowohl Holmes wie auch Watson, daß der Wein, den sie trinken, ein Bordeaux ist. Die Tatsache, daß Watson einen Bordeaux nicht von einem Muskateller unterscheiden kann, hindert ihn nicht, etwas über diesen Wein zu wissen, denn sie dringt nicht in die Kausalkette ein, die zu seiner augenblicklichen Überzeugung führt. Und solange wir nicht bereit sind zu folgern, daß es Holmes an Wissen mangelt, können wir die Kette der neurologischen Ereignisse nicht als anomal fallenlassen. Wenn ein Kausalgesetz bei der Hervorbringung von Holmes' Überzeugung instantiiert wird, dann wird es bei der Hervorbringung von Watsons Überzeugung instantiiert; denn ihre neurologischen Reaktionen unterscheiden sich nicht. Wenn Holmes weiß, was er gerade trinkt, dann weiß es Watson auch.

Aus Kausaltheorien folgt, daß Subjekte in Wissen ›hineinschlittern‹ können. Unter der Voraussetzung von Watsons Unempfänglichkeit für Unterschiede unter Weinen ist es Zufall, daß die gesetzmäßige Kausalkette in eine wahre Überzeugung mündet. Trotz ihrer tadellosen Aufzucht ist Watsons Überzeugung unverläßlich.

Die Auffassung, daß Unverläßlichkeit Wissen ausschließt, führt einige Externalisten zur Verläßlichkeitstheorie – der Ansicht, daß Wissen von der Beziehung einer Überzeugung zur Wahrheit unter irrealen wie auch unter tatsächlichen Umständen abhängt. Nach einer Darstellung der Verläßlichkeitstheorie ist eine geeignet gebundene Überzeugung annähernd eine, die das Subjekt hegen würde, wenn sie wahr wäre, und nicht hegen würde, wenn sie, zumindest aufgrund dieser Bindung, falsch wäre.[2] Die Wahrheit einer geeignet gebundenen Überzeugung ist kein Zufall; denn eine solche

2 Robert Nozick, *Philosophical Explanations*, Cambridge, Mass.: Harvard University Press 1981, 172-196; und Fred Dretske, »Conclusive Reasons«, *Australasian Journal of Philosophy* 49 (1971), 1-22.

Überzeugung folgt der Wahrheit quer durch mögliche Welten.

Die Verläßlichkeitstheorie zieht den Schluß – korrekt, wie es scheint –, daß Watson nichts weiß; denn er würde glauben, daß er Bordeaux trinkt, auch wenn er Muskateller trinken würde. Das Problem besteht darin, daß es Holmes allem Anschein nach nicht besser ergeht. Obwohl er Bordeaux von Muskateller unterscheiden kann, kann er einen Bordeaux nicht unfehlbar von allen anderen Quellen sinnlicher Stimulation unterscheiden. Daher besteht Holmes, wie Watson, den Subjunktionstest nicht; es gibt Nicht-Bordeauxweine, die er für Bordeauxweine halten würde, und Bordeauxweine, die er für Nicht-Bordeauxweine halten würde.

In der Tat scheint es praktisch unmöglich zu sein, ein lupenreines subjunktives Erfordernis zu erfüllen. Daher schrauben Verläßlichkeitstheoretiker ihre Anforderungen herunter, indem sie die Reichweite der irrealen Bedingung auf relevante Alternativen beschränken. Holmes' Überzeugung braucht der Wahrheit nicht durch die von böswilligen Dämonen ausgelegten Minenfelder zu folgen, um sich als Wissen auszuweisen.

Seine epistemischen Aussichten hängen ersichtlich davon ab, welche Alternativen als relevant gelten. Wenn Wissen überhaupt möglich sein soll, muß der Popanz des Skeptikers – die Machenschaften böswilliger Dämonen und manipulierender Neurochirurgen – als irrelevant ausgeschlossen werden. Wenn alle anderen wirklichen Weine relevante Alternativen für Holmes sind, dann muß er, um zu wissen, die Fähigkeit haben, zwischen einem Bordeaux und jedem anderen Wein zu unterscheiden. Die Hindernisse für das Wissen bleiben dann noch gewaltig. Aber die Klasse der relevanten Alternativen könnte noch enger sein. Vielleicht ist sie auf Weine begrenzt, denen Holmes wahrscheinlich begegnet, oder sogar auf Weine in seinem eigenen Keller. Dann braucht sein Unterscheidungsvermögen nicht so groß zu sein. Wenn er einen Bordeaux von den anderen Elementen einer einigermaßen eingeschränkten Klasse von Weinen unterscheiden kann, ist er in der Lage zu wissen, was er trinkt.

Die Anforderungen des Verläßlichkeitstheoretikers an das Wissen sind variabel, sie dehnen sich mit dem Bereich relevanter Alternativen aus und ziehen sich zusammen. Vor dem Hintergrund einer Folge von Alternativen weiß Holmes etwas, vor dem Hintergrund einer anderen nicht. In der Tat, wenn der Bereich genügend eingeschränkt oder geschoben wird, ergibt es sich sogar für Watson, daß er etwas weiß; denn die Möglichkeit, daß der Wein ein Muskateller ist, kann als irrelevant ausgeschlossen werden. Anscheinend läßt sich jede wahre Überzeugung als Wissen konstituieren, indem man den Bereich relevanter Alternativen in geeigneter Weise gestaltet. Der epistemische Status einer wahren Überzeugung hängt infolgedessen von der Auswahl eines solchen Bereichs ab; und ohne uns leitende Kriterien ist das Auftreten einer Petitio principii beim Treffen einer Auswahl kaum zu vermeiden. Dennoch befindet sich Holmes epistemisch in einer besseren Situation als Watson, insofern nämlich erheblich mehr strenge Einschränkungen erforderlich sind, um Watsons Überzeugung als Wissen zu konstituieren. In dieser Hinsicht zumindest hat der schlauere Mann einen epistemischen Vorsprung.

Es ist jedoch nicht klar, daß Holmes seinen Vorsprung halten kann. Watson, nehmen wir einmal an, klassifiziert Weine verläßlich als *Verschnitt, Tafelwein* und das, was er ›*Auslese*‹ nennt; und seine Überzeugungen über die Weinqualität ergeben sich aus gesetzmäßigen Kausalketten. Daher weiß Watson sowohl der Verläßlichkeits- wie auch der Kausaltheorie zufolge, daß er Verschnitt trinkt.

Holmes weiß nichts dergleichen. ›Verschnitt‹ ist nicht Teil seines Begriffsrepertoires, infolgedessen formuliert er keine Überzeugungen über Verschnitt. Da Überzeugung für Wissen erforderlich ist, weiß Watson etwas über ihre gemeinsame Erfahrung, das Holmes nicht weiß. Dennoch bringt

Holmes zur Weinprobe eine Fülle feiner, exquisiter Unterscheidungen mit. Das erste Schlückchen sagt ihm, daß er einen 1986er Thunderbird trinkt, gewonnen aus einer verheerend minderwertigen Traube, die in freien Feldern direkt neben der Santa Monica Autobahn wuchs; einen Wein, der eine Woche lang in einem Plastikfaß reifte, das vorher zum Waschen verschwitzter Socken benutzt worden war. Holmes scheint sich mit seinen sensibleren perzeptuellen und konzeptuellen Kategorien in einer Situation zu befinden, daß er sehr viel mehr weiß als Watson. Da er mehr Hypothesen bilden kann, stehen ihm mehr Kandidaten für das Wissen zur Verfügung als Watson.

Das Problem ist dies: Je mehr Unterscheidungen ein Kategoriensystem zuläßt, um so weniger Unterschied gibt es zwischen angrenzenden Kategorien. Mit der Verfeinerung unserer begrifflichen Schemata vergrößern wir auch unsere Aussichten zu irren. Obwohl Holmes gewöhnlich den Jahrgang des Weines angeben kann, den er trinkt, ist er nicht unfehlbarer als irgend jemand anderes. Die wahrnehmbaren Unterschiede zwischen den Jahrgängen sind oft äußerst subtil und nur schwer auszumachen. Allgemeine Bedingungen – eine beginnende Erkältung, ein schlecht gespültes Glas, ein Augenblick der Unaufmerksamkeit, ein stickiger Raum – können den sensibelsten Gaumen ablenken und den Probierer dazu bringen, daß er einen Margaux mit einem St. Julien verwechselt. Daher folgt Holmes' wahre Überzeugung, daß er einen Margaux trinkt, der Wahrheit nicht sehr weit. Wäre er Opfer solcher Ungewißheiten, würde er meinen, den einen Wein zu trinken, wo er doch einen anderen trinkt. Die Ursachen des Irrtums sind keine hyperbolischen Konstruktionen oder weit hergeholten Möglichkeiten, sondern alltägliche Fälle. Daher lassen sie sich nicht begründet ausschließen, indem man den Bereich relevanter Alternativen umschreibt. Nach einer Verläßlichkeitstheorie weiß Holmes nichts; auch niemand anderes weiß etwas, dessen Urteile für solche Ungewißheiten anfällig sind. Je feiner unsere Unterscheidungen sind, desto leichter tun sich die Umstände zusammen, um das Urteil zunichte zu machen. Mit der Verfeinerung unserer Kategorien verringern wir also unsere Aussichten auf Wissen.

Kausaltheorien scheinen hier besser zu funktionieren, weil sie den irrealen Bedingungssätzen gegenüber indifferent sind, die den Verläßlichkeitstheoretiker widerlegen. Wenn Holmes' Überzeugung, daß er einen Margaux trinkt, durch die Tatsache, daß er einen Margaux trinkt, verursacht wird, und wenn die Kausalkette, die in dieser Überzeugung mündet, ein Naturgesetz instantiiert, dann weiß Holmes, daß er einen Margaux trinkt. Es sieht dann so aus, als könne die Kausaltheorie die zunehmende kategoriale Verfeinerung ausgleichen, weil sie sich nur für die Genese tatsächlicher Überzeugungen interessiert; denn für die Präzision von Überzeugungen, die sich gesetzmäßig entwickeln lassen, gibt es keine Grenze a priori.

Das Problem besteht darin, daß Holmes keine Attrappe ist. Es ist sich der Umstände, die ihn irreführen könnten, sehr wohl bewußt – das Vorhandensein von Weinen, die leicht für einen Margaux gehalten werden, und der physiologischen und der Umweltbedingungen, die den Gaumen beeinflussen können. Und er erkennt, daß er nicht darauf vertrauen kann, daß keine derartigen Umstände vorliegen. Das gibt ihm zu denken. Obwohl er sehr stark vermutet, daß er einen Margaux trinkt, gelingt es ihm nicht, voll und ganz davon überzeugt zu sein. Und ohne Überzeugung gibt es kein Wissen. Daß Holmes seine epistemische Situation als unsicher einschätzt, hält ihn also vom Wissen ab.

Es kann auch sein, daß Respekt vor der Evidenz Wissen unterbindet. Nehmen wir an, daß es so etwas wie außersinnliche Wahrnehmung (ASW) gibt und daß sich das Fehlen der Evidenz für ein solches Vermögen der Tatsache verdankt, daß außersinnliche Wahrnehmungen nur schwer von einer Vielfalt unverläßlicher Informationsquellen zu unterscheiden sind.[3] Watson und Holmes sind in gleichem Maße mit außersinnlicher Wahrnehmung ausgestattet. Aber Watson ist leichtgläubig; Holmes ist es nicht. Daher glaubt Watson den Äußerungen der ASW und gibt die Evidenz aus der Hand. Holmes respektiert die Evidenz und die Methoden der Wissenschaften, die sie hervorgebracht haben. Daher vertraut er seinen außersinnlichen Wahrnehmungen nicht. Obwohl er nicht verhindern kann, daß er sie erfährt, hält er die Überzeugung zurück; denn er kann für die Andeutungen, die sie liefern, keine berechtigten Gründe finden. Holmes weiß dann nichts; seine epistemischen Skrupel hindern ihn daran, die erforderlichen Überzeugungen zu bilden.

Sowohl der Darstellung der Kausal- wie auch der Verläßlichkeitstheorie zufolge weiß Watson wirklich etwas. Außersinnliche Wahrnehmungen liefern wahre Überzeugungen via gesetzmäßige, wenn auch unerkannte Kausalketten. Und wenn ASW verläßlich ist (selbst wenn wir keinen Grund zu dieser Annahme haben), würde Watson ihren Äußerungen glauben, wenn sie wahr wären, und würde ihnen via ASW nicht glauben, wenn sie falsch wären. Daß Watson von der Evidenz keine Notiz nimmt, ist ihm sehr von Nutzen; es befähigt ihn, etwas zu wissen.

Insgesamt begünstigt der Externalismus den Gebrauch grober Kategorien; denn Verfeinerungen fordern Irrtum und Unverläßlichkeit heraus. Wenn unsere Zielsetzung darin besteht, zu glauben, was wahr ist, und nicht zu glauben, was falsch ist, dann ist es sinnvoll, Gelegenheiten für die Überzeugung auf Fälle zu beschränken, in denen sich Wahrheit und Falschheit ohne weiteres unterscheiden lassen.

Der Externalismus begünstigt auch die Nichtbeachtung der Evidenz. Evidenz wirkt auf ein Subjekt ein, wenn diese Evi-

3 Dieses Beispiel stellt eine Variante eines von Laurence Bonjour entwikkelten dar, in »Externalist Theories of Empirical Knowledge«, *Midwest Studies in Philosophy V*, ed. Peter A. French, Theodore E. Uehling, jr., and Howard K. Wettstein, Minneapolis: University of Minnesota Press 1980, 53-73.

denz eine Kausalkette initiiert oder den verläßlichen Mechanismus aktiviert, der für seine Überzeugung verantwortlich ist. Aber die Tatsache, daß es sich der Evidenz bewußt ist, bringt epistemisch keinen Gewinn, denn die Bindung einer Überzeugung wird dadurch, daß ein Subjekt von ihrer Konstituierung Kenntnis hat, nicht gestärkt. In der Tat kann Wissen durch den Versuch verlorengehen, der Evidenz zu ihrem Recht zu verhelfen. Denn Evidenz kann irreführen, die Übernahme wahrer, gebundener Überzeugungen verhindern und die Übernahme falscher, nicht gebundener ermutigen. Wir sollten dann lieber die Evidenz ihre Wirkung unterschwellig ausüben lassen, wenn sie für die Bindung einer Überzeugung wesentlich ist, und sie ignorieren, wenn sie es nicht ist.

Schließlich begünstigt der Externalismus die Unreflektiertheit der epistemischen Umstände. In der Tat ist die Nichtbeachtung der Evidenz nur ein Spezialfall hiervon. Anerkennung der Irrtumsmöglichkeiten und der Ansprüche alternativer Hypothesen führt zu Vorbehalten und veranlaßt den reflektierend Handelnden dazu, das Urteil aufzuschieben. Eine impulsive, wenn auch begründete Gewißheit, aus der Fähigkeit erwachsen, Hindernisse zu übersehen, versieht das nicht reflektierende Subjekt mit einem stattlichen Vorrat an Überzeugungen, von denen sich viele als wahr und gebunden herausstellen. Das nicht reflektierende Subjekt hat Erfolg oder scheitert je nach dem Anteil an wahren, gebundenen Überzeugungen innerhalb seines doxastischen Systems. Aber das reflektierende Subjekt scheitert ganz bestimmt; denn solange es nicht zu glauben geneigt ist, ist es nicht in der Lage zu wissen. Weder glaubt es, was wahr ist, noch glaubt es nicht, was falsch ist; da ihm die hinreichende Evidenz fehlt, schiebt es das Urteil auf.

3. Wissen von innen

Der Internalismus vertritt, daß eine Behauptung in dem Maße gerechtfertigt ist, als sie angesichts des bereits Gewußten vernünftig ist. Rechtfertigung hängt infolgedessen von der Kohärenz mit einem System bereits akzeptierter Behauptungen ab.[4] Einige fassen das relevante System individualistisch auf; andere fassen es sozial auf. Ich betrachte Darstellungen der beiden Arten.

Keith Lehrers Internalismus ist individualistisch.[5] Er ist der Ansicht, daß die Rechtfertigung einer Hypothese eine Frage der Kohärenz mit einem System von Behauptungen ist, das das Subjekt bereits akzeptiert; dabei ist eine Aussage mit einem System kohärent, wenn ihre Akzeptierung relativ zu diesem System vernünftiger ist als die Akzeptierung irgendeiner konkurrierenden Behauptung. Epistemische Rechtfertigung verlangt natürlich nicht Kohärenz mit allem, was das Subjekt vertritt. Es kann Aussagen für andere Zwecke als für das Wissen akzeptieren; und Kohärenz mit solchen Aussagen verleiht keinen epistemischen Status. Wenn es zum Beispiel eine religiöse Lehre auf der Grundlage des Glaubens und mit dem Ziel der Erlösung akzeptiert, wäre die Kohärenz einer Behauptung mit dieser Lehre epistemisch irrelevant. Für die epistemische Rechtfertigung, das behauptet

4 Einige Internalisten – etwa Chisholm – erkennen Basisaussagen an, von denen man annimmt, daß sie von Natur aus vernünftig sind. Sie geben jedoch zu, daß die meisten Aussagen keine Basisaussagen sind, die Rechtfertigung also meist eine Frage der Kohärenz ist. Vgl. Roderick Chisholm, *The Foundations of Knowing*, Minneapolis: University of Minnesota Press 1982. Darüber hinaus ist ihre Zulassung von Natur aus vernünftiger Aussagen problematisch. Denn auf internalistischer Grundlage wäre es nicht vernünftig, eine mutmaßliche Basisaussage zu akzeptieren, die in Widerspruch zum angemessenen Hintergrundsystem steht; ich sollte die Behauptung, daß ich etwas Rotes sehe, nicht akzeptieren, wenn ich zu Recht davon überzeugt bin, daß ich farbenblind bin.

5 Keith Lehrer, »The Coherence Theory of Knowledge«, *Philosophical Topics* 14 (1986), 5-25.

Lehrer, ist erforderlich, daß eine Hypothese mit den Aussagen kohärent ist, die das Subjekt mit dem Ziel des Wissens akzeptiert. Diese Aussagen stellen sein persönliches Akzeptanzsystem dar; und es ist persönlich gerechtfertigt, alles zu akzeptieren, was mit diesem System kohärent ist. Aber persönliche Rechtfertigung ist nicht genug; denn persönliche Akzeptanzsysteme enthalten typischerweise Falschheiten. Und eine Aussage, die mit einer früher akzeptierten Falschheit kohärent ist, ist nicht deshalb schon ein brauchbarer Kandidat für Wissen. Die Kandidatur ist auf Aussagen eingeschränkt, die auch zu dem wahrheitsmäßigen Akzeptanzsystem des Subjekts gehören – dem System, das sich ergibt, wenn sein persönliches Akzeptanzsystem von jeglichem Irrtum gereinigt wird. Lehrer ist überzeugt, daß eine Behauptung, die mit beiden kohärent ist, für das Subjekt vollständig gerechtfertigt ist. Denn ihre Rechtfertigung hängt nicht wesentlich von irgendeiner falschen Überzeugung ab; und relativ zu den Wahrheiten, von denen das Subjekt überzeugt ist, ist sie vernünftiger als irgendeine ihrer Mitbewerberinnen. In der Tat ist nach Lehrers Darstellung Wissen eine akzeptierte, vollständig gerechtfertigte Überzeugung.

Es kann sein, daß das, was mit einem engen System kohärent ist, mit einem weiteren System nicht kohärent zu sein vermag. So weiß Watson mit einem begrenzten Blickfeld Dinge, die Holmes, der mit einem umfassenderen belastet ist, nicht weiß. Beim Beobachten eines Vogels bilden Holmes und Watson die Überzeugung, daß es ein Glanzstar ist. Watsons relevante Hintergrundüberzeugungen bestehen aus Wahrheiten über die charakteristischen Zeichnungen von Glanzstaren. Er besitzt keine Überzeugungen über den Lebensraum des Vogels; denn obwohl er sich eifrig mit den Bildern im Vogelkundebuch befaßt, ignoriert er den Begleittext. Aufgrund der Information innerhalb seines Akzeptanzsystems ist Watsons Überzeugung vollständig gerechtfertigt. Und da der Vogel, ein Ausreißer aus dem Londoner Zoo, wirklich ein Glanzstar ist, weiß Watson, daß er einer ist.

Holmes dagegen weiß es nicht. Obwohl auch er erkennt, daß der fragliche Vogel die Zeichnung eines Glanzstars hat, sieht er ein, daß solche Vögel, da sie in Äquatorialafrika heimisch sind, wahrscheinlich nicht in der Baker Street angetroffen werden. Daher ist relativ zum Akzeptanzsystem von Holmes die Vermutung, daß sie einen merkwürdig gezeichneten hiesigen Vogel beobachtet haben, zumindest ebenso vernünftig. Watsons Ignoranz befähigt ihn daher, etwas zu wissen, was Holmes nicht wissen kann. Da die Tatsache, die Holmes am Wissen hindert, dem Akzeptanzsystem Watsons äußerlich ist, kann sie Watsons Rechtfertigung nicht untergraben.[6]

Die Pointe besteht nicht darin, daß Watson aus der Unkenntnis einer spezifischen und in diesem Falle irreführenden Tatsache Nutzen zieht. Sie besteht vielmehr darin, daß verhältnismäßig dürftige Systeme bessere Quellen des Wissens sein können als reichere Systeme. Watson kann sich nur auf die Zeichnung berufen, um festlegen zu können, welche Art Vogel er gerade sieht. Dennoch reichen seine Mittel für vollständige Rechtfertigung und Wissen aus. Das System von Holmes umfaßt Information über die Zeichnung und über den Lebensraum. Daher läßt sich Kohärenz mit dem System von Holmes schwerer herstellen. Aber ihre Herstellung gibt Holmes nicht mehr als das, was Watson bereits hat – vollständige Rechtfertigung und (oft) Wissen. Wenn wie im vorliegenden Fall Überzeugungen über den Lebensraum eine auf der Zeichnung beruhende Identifikation untergraben, dann ist Holmes nicht berechtigt, irgendeine Identifikation zu akzeptieren. Es kann sein, daß Watson dann weiß, welcher Vogel es ist; Holmes weiß es sicherlich nicht. Wenn also ein Akzeptanzsystem ausreicht, um Wissen über einen Gegenstand zu erzeugen, dann ist zusätzliche Information über diesen Gegenstand müßig und potentiell schädlich. Ihre

6 Vgl. Carl Ginet, »Knowing Less by Knowing More«, French, Uehling, and Wettstein, *Midwest Studies in Philosophy V*, 151-162.

Inkorporierung in das System vergrößert die Schwierigkeit, Kohärenz herzustellen, und macht es mühsamer, etwas zu wissen.

Dies legt es nahe, daß Holmes dadurch seine Rechtfertigung schützen und seine epistemischen Aussichten verbessern könnte, daß er sein System von potentiellen Besiegern isoliert. Solange er zum Beispiel in Unkenntnis der Geschichte bleibt, kann seine Rechtfertigung nicht durch verhängnisvolle historische Präzedenzfälle untergraben werden. Lehrer vermutet jedoch, daß ein solcher bewußter Protektionismus nicht mit dem Streben nach Wissen verträglich wäre. »Eine Person, die in einer unvoreingenommenen und unparteiischen Art und Weise nach Wahrheit strebt, würde ihre Überzeugungen nicht in dieser Weise willkürlich einschränken.«[7] Ein solcher Protektionismus ist nicht offensichtlich willkürlich. Beim Vorliegen der Zielsetzung des Wissens scheint es eine sinnvolle Strategie zu sein, das Minimum zu akzeptieren, das zur Erzeugung vollständig gerechtfertigter wahrer Überzeugungen erforderlich ist. Denn wie die Holmes'sche Zwangslage zeigt, bedeutet die Einbeziehung überflüssigen Wissens die Herausforderung von Schwierigkeiten. Wenn jedoch solche beabsichtigten Einschränkungen der Reichweite seines Akzeptanzsystems willkürlich sind, dann könnte Holmes, so glaubt Lehrer, Watsons Standpunkt nicht übernehmen, ohne das Streben nach Wissen aufzugeben.

Aber Watson erfährt seine Beschränkungen von Natur aus. Daher können seine Motive als jemand, der nach Wissen strebt, nicht aufgrund seines Unvermögens angefochten werden, eine bestimmte Information in sein Akzeptanzsystem zu inkorporieren. Es kann in der Tat sein, daß er dazu nicht fähig ist.. Nehmen wir an, daß Holmes' Verwirrung stiftende Überzeugung von einer komplexen statistischen Verallgemeinerung herrührt, die die Intensität der Färbung

7 Keith Lehrer, *Knowledge*, Oxford: Oxford University Press 1974, 209.

eines Vogels mit der Durchschnittstemperatur seines Lebensraumes korreliert – einer Verallgemeinerung, derzufolge ein leuchtend gefärbter Vogel wie der Glanzstar wahrscheinlich in einem gemäßigten Klima nicht anzutreffen ist. Watson kennt die Verallgemeinerung nicht; außerdem könnte er ihre Wichtigkeit nicht verstehen oder beurteilen, wenn sie ihm mitgeteilt würde. Daher kann weder sie noch ihre Verneinung in sein persönliches Akzeptanzsystem Eingang finden. Folglich kann die Verallgemeinerung keine seiner vollständig gerechtfertigten Überzeugungen anfechten. Denn für den Internalisten sind epistemisch unzugängliche Wahrheiten inaktiv. Dann befähigt seine Dummheit und nicht nur seine Ignoranz Watson dazu, etwas zu wissen, was der intelligentere Holmes nicht wissen kann.

Wie der Externalismus begünstigt auch der individualistische Internalismus den Gebrauch grober Kategorien, bei denen die Unterschiede kraß sind und die Instantiierung sich ohne weiteres verifizieren läßt. Eine einigermaßen gewissenhafte Anwendung eines solchen Systems produziert bezeichnenderweise Wissen. Aber wenn Kategoriensysteme subtilere Unterscheidungen vorsehen, ist Wissen sehr viel mühsamer zu erzielen. Es ist ziemlich leicht zu sagen, ob etwas ein Vogel ist, ziemlich schwer zu sagen, ob es ein Baumpieper ist. Da also von Watson angenommen wird, daß er sich mit Hypothesen auf der Ebene von

x ist ein Vogel

befaßt, erzeugt er wahrscheinlich eine große Menge an (trivialem) Wissen. Da Holmes feinere Unterscheidungen trifft, hat er es schwerer. Oft ist keine einzige Klassifikation zum Beispiel auf der Ebene der Spezies die vernünftigste; deshalb ist keine mit seinem persönlichen Akzeptanzsystem kohärent. Außerdem, wenn sich eine Alternative wirklich durchsetzt, kann sie möglicherweise ihre Konkurrenz nicht bedeutend schlagen. Daher kann sie durch die geringste Ungenauigkeit in seinen relevanten Hintergrundüberzeugungen

aus seinem wahrheitsmäßigen Akzeptanzsystem ausgeschlossen werden.
Wenn der einzige wahrnehmbare Unterschied, den Holmes zwischen einem Baumpieper und einem gelbbraunen Wiesenpieper erkennt, darin besteht, daß ersterer ein wenig rundlicher ist als der letztere, dann wird seine Rechtfertigung angefochten, wenn er sich auch nur geringfügig darin irrt, wie rundlich ein Baumpieper erwartungsgsemäß ist. Daher kommt Watson von einer vogelkundlichen Exkursion wahrscheinlich mit mehr Wissen nach Hause als Holmes. Denn Watson wird viele vollständig gerechtfertigte Überzeugungen gebildet haben

x_1 ist ein Vogel
x_2 ist ein Vogel
...
x_n ist ein Vogel.

Holmes, der sich um präzisere Klassifikationen von $x_1, \ldots, x_n$ bemüht hat, wird einigen Vögeln begegnet sein, die er nicht identifizieren konnte, einigen, deren Identifikation zu akzeptieren er nicht persönlich gerechtfertigt war, einigen, deren Identifikation zu akzeptieren er nicht vollständig gerechtfertigt war, und einigen, bei denen die Identifikation, die zu akzeptieren er vollständig gerechtfertigt war, nichtsdestoweniger falsch war. In der Tat könnte Holmes unter den Umständen vernünftigerweise davon absehen, irgendwelche Behauptungen auf dieser Ebene der Verfeinerung zu akzeptieren. Da er sowohl Falschheiten nicht glauben als auch Wahrheiten glauben möchte, wäre es klug von ihm, das Urteil aufzuschieben, wo sich die Aussicht auf Irrtum so stark abzeichnet. Hier scheint es wiederum vernünftig zu sein, zu dem sichereren Standpunkt Watsons zurückzukehren. Denn Watson erreicht das Ziel, Wahrheiten zu glauben und Falschheiten nicht zu glauben, weit besser als Holmes.
Dies könnte bezweifelt werden. Es könnte den Anschein haben, daß Holmes, da er ein reicheres kognitives Repertoire

hat, in der Lage ist, mehr unangefochtene, gerechtfertigte, wahre Überzeugungen zu bilden als Watson. Wenn dem so ist, weiß er mehr als Watson, obwohl Watson einige Dinge weiß, die er nicht weiß. Aber die Prämisse ist falsch; denn Watson kann unangefochtene, gerechtfertigte, wahre Überzeugungen mindestens ebenso schnell bilden wie Holmes. Natürlich werden die von Watson dahin tendieren, trivial, banal und langweilig zu sein, während die von Holmes oft originell, interessant und wichtig sind. Aber die gegenwärtige Epistemologie verfügt nicht über die Mittel, um zwischen bedeutenden und unbedeutenden Überzeugungen unterscheiden zu können. Daher fehlt ihr die Grundlage, zu entscheiden, daß die gerechtfertigten, wahren Überzeugungen von Holmes epistemisch besser sind als die von Watson.

Wir schreiben Watson nur ungern Wissen zu, weil er Information außer acht läßt, die ersichtlich für die Rechtfertigbarkeit seiner Überzeugungen relevant zu sein scheint. Aber wir können nicht bloß deshalb an ihm herumnörgeln, weil er Information ignoriert, die sich auf den Gegenstand seines Interesses auswirkt; derartige Information ist unerschöpflich, so daß etwas von ihr ignoriert werden muß. Wenn wir die Überzeugungen von Holmes als gerechtfertigt ansehen, dann deshalb, weil wir glauben, daß er genug berücksichtigt hat. Er hat keine wichtige Information und keine bedeutende Folgerung außer acht gelassen.

Aber wenn genug berücksichtigen nicht heißt, alles zu berücksichtigen, und nicht heißt, nur das zu berücksichtigen, was das Subjekt als relevant ansieht, auf welche Weise läßt sich das dann festlegen? Gilbert Harman schlägt vor, daß ›genug‹ hier eine soziale Angelegenheit ist – daß die Standards der epistemischen Gemeinschaft entscheiden, welche Information wichtig ist, welche Folgerungen bedeutend sind, wieviel erforderlich ist, um etwas zu wissen.[8] Da Wis-

8 Gilbert Harman, *Thought*, Princeton: Princeton University Press 1973, 142-154.

sen eine gewöhnliche, keine außergewöhnliche Leistung ist, müssen die fraglichen Standards solche sein, die normale Mitglieder der Gemeinschaft im Normalfall erfüllen. Watsons Rechtfertigung ist dann inadäquat, wenn sie Gründe übergeht, auf die sich normale Mitglieder der Gemeinschaft im Normalfall berufen würden, um eine solche Überzeugung zu rechtfertigen.

Die Sozialisierung der Rechtfertigung hat zwei Konsequenzen, die der Beachtung wert sind. Erstens ändert sich das Gerechtfertigtsein mit den Standards der Gemeinschaft. Die Überzeugung von Holmes kann den Standards der einen epistemischen Gemeinschaft zufolge gerechtfertigt werden und vermag denen einer anderen zufolge nicht gerechtfertigt zu werden. Und Variabilität in den Anforderungen an die Rechtfertigung zieht Variabilität des Wissens nach sich.[9] Holmes weiß etwas relativ zu einer Menge von Standards, aber relativ zu einer anderen weiß er nichts. Außerdem besitzt auch Watson relativ zu einer Gemeinschaft mit hinreichend laschen oder eigentümlichen Standards Rechtfertigung und Wissen.

Zweitens wird die epistemische Zugänglichkeit sozial konstruiert. Epistemische Mittel gelten als zugänglich, wenn sie für normale Mitglieder der Gemeinschaft verfügbar sind, auch wenn die Besonderheiten der Situation eines Individuums sie unerreichbar für es werden lassen. Daraus folgt, daß Information, die das Subjekt nicht besitzt, und Folgerungen, die es nicht zieht, seine Rechtfertigung anfechten können, wenn diese Information normalen Mitgliedern der Gemeinschaft bekannt ist oder jene Folgerungen von ihnen gezogen werden. Die allgemein bekannte Tatsache, daß London für tropische Vögel unwirtlich ist, kann Watsons Überzeugung anfechten, selbst wenn er sich dieser Tatsache nicht bewußt ist. Und der mühelose Schluß von der hohen Unwahrschein-

9 Stewart Cohen, »Knowledge and Context«, *Journal of Philosophy* 83, (1986), 579.

lichkeit, einem tropischen Vogel in der Baker Street zu begegnen, auf die Unvernünftigkeit zu glauben, daß man einem begegnet ist, kann seine Rechtfertigung anfechten, selbst wenn er diesen Schluß nicht zu ziehen vermag.

Da Holmes die Standards der Gemeinschaft mehr als erfüllt, scheint sein epistemischer Erfolg gesichert zu sein. Aber er ist es nicht; denn durch sein Herausragen setzt er sich Unannehmlichkeiten aus.

Da er ein scharfsinniger Denker ist, zieht Holmes gültig den Schluß, daß neuere Schwankungen der Getreidepreise die Behauptung in Zweifel ziehen, daß der Premierminister, was die Friedensaussichten angeht, gelogen hat. Normalen Mitgliedern der Gemeinschaft fehlt der Scharfsinn, um die Relevanz von Getreidepreisen für die Aussage des Premierministers zu erkennen und die richtige Schlußfolgerung aus ihnen zu ziehen. Daher sind die Überlegungen, die Holmes anführt, zu obskur, um die soziale Rechtfertigung der Behauptung zu untergraben. Wie sich herausstellt, hat der Premierminister wirklich gelogen; die ökonomischen Indikatoren sind irreführend. Da normale Mitglieder der Gemeinschaft diese Indikatoren nicht erwägen müssen, ist ihre Rechtfertigung intakt. Daher wissen sie, daß der Premierminister gelogen hat. Was ist mit Holmes? Wenn er nur die Standards der Gemeinschaft zu erfüllen braucht, ist »Der Premierminister hat gelogen« für ihn gerechtfertigt, da er in alle Information eingeweiht ist, die normale Mitglieder der Gemeinschaft in ihrer Überzeugung rechtfertigt. Aber er zahlt für seine Rechtfertigung damit, daß er seine Überzeugung opfert. Da er erkennt, daß die Evidenz der Getreidepreise die Rechtfertigung der Gemeinschaft in Zweifel zieht, kann er sich selbst nicht als gerechtfertigt ansehen zu glauben, daß der Premierminister gelogen hat. Weil er vernünftig ist, glaubt er es infolgedessen nicht. Und ohne Überzeugung gibt es kein Wissen.

Weil Holmes klüger ist als andere, ist er wohl oder übel für anspruchsvollere Standards verantwortlich. Er kann Wahrheiten innerhalb seiner Kenntnis nicht ignorieren, nur weil andere unfähig sind, ihre Wichtigkeit zu begreifen. Deshalb gelingt es Holmes nicht, etwas zu wissen, obwohl es den ihm intellektuell Unterlegenen gelingt.

Nochmals, wenn die Kategorien von Holmes feiner sind als die, die von der ganzen großen Gemeinschaft gebraucht werden, dann können seine Urteile nicht durch die Standards der Gemeinschaft gestützt werden. Aber ohne gemeinsame soziale Standards ihrer Rechtfertigung sind diese Urteile auch keine Kandidaten für Wissen. Die zusätzliche konzeptuelle und perzeptuelle Sensibilität von Holmes befähigt ihn also nicht dazu, etwas zu wissen, was normale Mitglieder der Gemeinschaft nicht wissen können. In der Tat sind die sozialen Anforderungen an die Rechtfertigung derart, daß jemand unmöglich etwas wissen kann, was normale Mitglieder der Gemeinschaft nicht wissen können.

Da der soziale Internalismus Wissen relativ zu einer epistemischen Gemeinschaft versteht, könnte es den Anschein haben, als besitze er die Mittel, um diese unpassenden Ergebnisse abzublocken. Können wir Holmes nicht dadurch zu seinem Recht verhelfen, daß wir seine Überzeugungen mit Hilfe der Standards einer intelligenteren, sensibleren Gemeinschaft beurteilen? Die Schwierigkeit ist die, daß *jede* Gemeinschaft Mitglieder haben wird, deren kognitive Fähigkeiten aus der Norm herausragen. Deshalb kehrt die Holmes'sche Zwangslage wieder, ganz gleich, in welcher Weise wir die Mitgliedsbedingungen an die entsprechende epistemische Gemeinschaft anpassen.

Der Internalismus, ob sozial oder individualistisch, begünstigt infolgedessen Konformität und eine Art von kognitivem Minimalismus. Die epistemischen Aussichten einer Person sind am besten, wenn ihr doxastisches System nicht mehr umfaßt, als zur Rechtfertigung ihrer Überzeugungen notwendig ist. Zusätzliche Informationen und größere Fähigkeiten erbringen keinen epistemischen Vorteil; und sie haben die Eigenschaft, die Rechtfertigung zu untergraben, die das Minimalsystem liefert.

4. Wissen, beiseite

Es dürfte nun offensichtlich sein, daß die Holmes'sche Zwangslage eine Krankheit der gegenwärtigen Epistemologie ist. Und dies überrascht nicht. Denn sie resultiert aus Merkmalen, die die Proponenten als Vorzüge ihrer Theorien ansehen – Merkmale, die die Fähigkeit hervorbringen, in der einen oder anderen Weise mit weniger als der idealen Rechtfertigung auskommen zu können. Gerade die Beschränkungen der Anforderungen an das Wissen, die es den Watsons der Welt ermöglichen, etwas zu wissen, erschweren den Individuen wie Holmes das Wissen.
Diese Schlußfolgerung sollte nicht als ein Gegenbeispiel zu den gegenwärtig populären Theorien konstruiert werden. In einigen Fällen scheint es zumindest sinnvoll zu glauben, daß Watson mehr weiß als Holmes. Der abgestumpfte Mensch mit dem soliden, einfallslosen, gesunden Verstand, der von Subtilitäten nicht beirrt wird, mag wissen, was der Fall ist, während die sensiblere, feiner abgestimmte Intelligenz durch Nuancen abgelenkt wird. Es ist auch nicht wahrscheinlich, daß eine weitere Wissensbedingung das Gleichgewicht zugunsten der Intelligenz wiederherstellen könnte. Denn der Versuch, dieses Gleichgewicht wiederherzustellen, würde sich wiederum in die Richtung einer idealen Rechtfertigung, zurück in die Fallstricke des Skeptikers, bewegen.
Ich glaube, die Holmes'sche Zwangslage zeigt, daß Wissen, wie gegenwärtige Theorien es auffassen, nicht unsere vordringliche kognitive Zielsetzung ist und auch nicht sein sollte. Denn es so zu behandeln bedeutet, kognitive Vortrefflichkeiten wie konzeptuelle und perzeptuelle Sensibilität, logischen Scharfsinn, Breite und Tiefe des Verstehens und die Fähigkeit, wichtige von trivialen Wahrheiten unterscheiden

zu können, abzuwerten. Selbst wenn Watson mehr weiß als Holmes, sieht es nicht so aus, als wäre er kognitiv besser dran.

Dies besagt, daß es unklug ist, Epistemologie auf das Studium dessen einzuschränken, was gegenwärtige Theorien als Wissen ansehen. Was fehlt, ist eine weitreichende Untersuchung von kognitiven Vortrefflichkeiten aller Art und der Weisen, in denen sie zur gegenseitigen Verwirklichung beitragen oder sie beeinträchtigen. Die Früchte einer solchen Untersuchung könnten uns in den Stand setzen zu verstehen, wieso Sokrates, der nichts wußte, der weiseste Mensch sein konnte. *(Elgin)*

X

Eine Neufassung der Philosophie

1. Falsche Auffassungen

Die Philosophie ist wieder in Schwierigkeiten – und wieder und wieder. Was voller Staunen begann, endet als Niederlage. Unsere Hypothesen, Beschreibungen, Abbildungen, Wahrnehmungen lassen sich nicht vor dem Hintergrund der unzugänglichen ›äußeren Welt‹ überprüfen. Jede Hoffnung auf begründete und gewisse Wahrheit schwindet. Angesichts derartig offenkundigen Mißerfolgs geben einige Philosophen auf, einige führen einen sinnlosen Kampf weiter, und einige sonnen sich in der Befreiung, die ihre Schlußfolgerung gewährt, daß alles machbar ist – auch wenn dann die Aussage »Nichts ist machbar« ebenso machbar ist wie die Aussage »Einiges ist nicht machbar«.

Wiederkehrendes Desaster kommt einer *reductio ad absurdum* der Philosophie, wie sie allgemein verstanden wird, gleich – nämlich dessen, was man als wesentliche Ideen und Fragen der Philosophie ansieht. Scheitern und Verwirrung sind in den Vorstellungen von Wahrheit, Gewißheit und Wissen eingebaut. Revisionen oder Ersetzungen oder Ergänzungen werden dringend erforderlich, eine Überholung der begrifflichen Ausstattung, eine Neufassung der Philosophie.

Die schuldigen Standardbegriffe werfen nicht nur unbeantwortbare Fragen auf, sie sind auch, sofern sie überhaupt klar sind, begrenzt und beschränkt. Das Hauptziel unseres Vorschlags besteht nicht darin, Schwierigkeiten zu vermeiden, sondern vielmehr darin, weiterreichende und empfindlichere Instrumente zu entwickeln. Das läßt sich nicht rasch verwirklichen, sondern muß mit Anregungen, Entwürfen, Beispielen beginnen, die der Weiterführung, der Präzisierung, der Erprobung und der Änderung bedürfen. Zuerst wollen wir uns ansehen, was an einigen vertrauten Kernbegriffen verkehrt ist.

Die Irrtümer der Wahrheit sind vielfältig und schlimm. Als Korrespondenz zwischen Diskurs und der vorgefertigten Welt jenseits des Diskurses konstruiert, verstrickt sie sich in zweifache Schwierigkeit: Es gibt keine derartige, von Beschreibung unabhängige Welt; und Korrespondenz zwischen Beschreibung und dem Unbeschriebenen ist unverständlich. Wahrheit ist eine brauchbare Klassifikation von Aussagen, sie muß jedoch etwas anders aufgefaßt werden.

Überdies ist Wahrheit eine ungemein *enge* Vorstellung. Ihre Reichweite ist auf das Sprachliche und, innerhalb des Sprachlichen, auf Aussagen begrenzt. Sie trifft nicht auf Prädikate oder Wendungen oder auf Sätze wie Fragen und Anweisungen zu. Und sie betrifft nur das, was eine Aussage *sagt*, und berücksichtigt das nicht, worauf sie auf andere Weisen, etwa durch Exemplifikation oder Ausdruck oder Anspielung, Bezug nehmen kann.

Schließlich ist Wahrheit sogar innerhalb ihrer eigenen engen Zuständigkeit nicht der einzige und oft auch nicht der übergeordnete Gesichtspunkt. Wahrheit spielt in einer Aussage, die sich nicht auf die Sache bezieht, eine geringe Rolle: »2 + 2 = 4« ist keine Antwort auf die Frage »Welche Farbe hat der Schnee?« Und sowohl in der Wissenschaft wie im täglichen Leben erhalten zugegebenermaßen falsche Approximationen im allgemeinen den Vortritt vor Wahrheiten und sogar vor leicht zugänglichen genaueren Approximationen. Knappe Abrisse und gleichmäßige Kurven werden die Tatsachen und Gesetze, mit denen wir arbeiten und leben.

Daher braucht Wahrheit Hilfe. Der *Gewißheit* dagegen ist nicht mehr zu helfen. Der Beweis ist ganz klar weder eine hinreichende noch eine notwendige Bedingung für Gewißheit, da für die Gewißheit der Konklusion Gewißheit unbewiesener Prämissen erforderlich ist. Gewißheit verquickt zwei sehr disparate Vorstellungen miteinander. Bedeutet Gewißheit soviel wie leidenschaftliche Überzeugung, feste

Anschauung, blindes Vertrauen? Dann verbindet sie sich manchmal mit wahren, manchmal mit falschen Aussagen. Oder bedeutet Gewißheit soviel wie Unbestreitbarkeit? Dann sind alle wahren Aussagen, da unbestreitbar, alle auch gewiß. Und im übrigen sind das auch einige falsche Aussagen, wenn es Aussagen gibt, die weder beweisbar wahr noch beweisbar falsch sind. Gewißheit ist eine bestürzend ungewisse Vorstellung.

Wissen umfaßt sowohl Wahrheit als auch Gewißheit und leidet an den Gebrechen beider und noch an weiteren Komplikationen. Gewißheit der Wahrheit, die sich aus einem Fehlschluß, aus Lehnstreue, einem Rausch oder einer Hypnose ergibt, gilt nicht als Wissen. Begründung ist erforderlich; und eine solche Begründung kann nicht aus dem Beweis allein bestehen, denn der Beweis liefert eine Begründung nur dann, wenn auch die Prämissen irgendwie begründet werden. Womit sich Gewißheit begründen läßt, ist schwer zu sagen, wenn wir keine klare Vorstellung davon haben, was Gewißheit ist. Alternative Auffassungen von Wissen ersetzen bisweilen Gewißheit durch eine Art von Wahrscheinlichkeit oder durch Überzeugung, der nur die feste Anschauung fehlt. Aber nehmen wir an, Sie sind zu Recht davon überzeugt, daß die oberste Karte von einem gutgemischten Pack nicht die Karo Zwei ist, und nehmen wir weiter an, daß dies sich als wahr erweist. Können Sie behaupten, es gewußt zu haben? Wissen, das ungewiß ist, wird wohl kaum eine glücklichere Vorstellung sein als Wissen, das gewiß ist. Wie Quine bemerkt: »Epistemologie beziehungsweise Erkenntnistheorie muß sich ihres Namens schämen.«[1]

Dies sind also einige Proben der Schwächen in dem, was man gemeinhin als Schlüsselbegriffe in der Philosophie ansieht – einige Schlaglöcher, Straßensperren, Brüche in der Infrastruktur. Wir wollen einige Vorschläge zur Restaurierung erkunden.

1 W. V. Quine, »Relativism and Absolutism«, *The Monist* 67 (1984), 295.

2. Irrtümer der Wahrheit

Als Begriff, der Wahrheit an Reichweite übertrifft, ziehen Sie *Richtigkeit* in Erwägung. »Richtig« und »verkehrt« treffen auf alle möglichen sprachlichen und nichtsprachlichen Symbole zu. Nicht nur Aussagen, sondern auch Forderungen und Zweifel, Wörter, Kategorien, Bilder, Diagramme, Proben, Entwürfe, musikalische Passagen und Aufführungen und Symbole irgendeiner anderen Art können richtig oder verkehrt sein. Darüber hinaus bezieht sich Richtigkeit auf alle Weisen, in denen Symbole funktionieren. Ein Symbol kann richtig oder verkehrt sein in dem, was es sagt, denotiert, exemplifiziert, ausdrückt oder worauf es über eine homogene oder heterogene Kette bezugnehmender Schritte Bezug nimmt; im Gegensatz zur Wahrheit ist Richtigkeit multidimensional. Und manchmal kann, wie im Falle richtiger Fehler, das, was auf eine Weise verkehrt ist, auf eine andere Weise richtig sein. Im normalen Gebrauch haben »richtig« und »verkehrt« für unsere Zwecke in der Tat eine *zu* große Reichweite, da sie auch auf Nichtsymbole und auf nichtbezugnehmende Aspekte von Symbolen zutreffen. Ein Tennisschlag kann richtig oder verkehrt sein, wie es Belohnung oder Bestrafung, die Richtung eines Pfeils, eine Medizin auch sein können; ein Auto kann richtig eingestellt sein oder verkehrt laufen. Obwohl alles in einer Welt versionabhängig ist, so daß jegliche Richtigkeit etwas mit Symbolen zu tun hat, beschäftigen wir uns hier insbesondere mit der Richtigkeit symbolischen Funktionierens.

Richtigkeit und Wahrheit gehen sogar bei Aussagen oft auseinander. Obwohl Schnee weiß ist, kann es sein, daß die Aussage »Schnee ist weiß« nicht richtig ist. Sie ist als Antwort auf die Frage, wie dicht Granit ist, verkehrt, weil sie irrelevant ist, die Aussage »Granit wiegt ein Pfund pro Kubikfuß« dagegen ist verkehrt, weil sie falsch ist. Dennoch können einige falsche Aussagen auf andere Weise und in einigen Kontexten richtig sein. Zum Beispiel kann eine falsche Äußerung von »Sie bessern sich« eine richtige Bemerkung einem mutlosen Studenten oder einem deprimierten Patienten gegenüber sein; hier hat die Richtigkeit mit der *Wirkung* des Gesagten zu tun. In anderen Fällen kann Richtigkeit die Tauglichkeit für einen wissenschaftlichen oder anderen Zweck beinhalten. Obwohl es vielleicht nicht für jeden gegebenen Einzelfall ganz genau zutrifft,[2] ist Boyles Gesetz oft richtig, wo eine detaillierte Aufzeichnung von Tausenden von Daten verkehrt sein kann, weil sie sich zu der anstehenden Arbeit so wenig eignen wie fünf Millionen Pennies dazu, eine Hypothek von 50000 Dollar abzutragen. Richtigkeit ist offenkundig komplizierter als Wahrheit und auch unbeständiger, denn sie wandelt sich mit Umständen, die Wahrheit in keiner Weise berühren.

Daher geht die Vorstellung, daß Wahrheit einfach nur die Spezies der Richtigkeit ist, die Aussagen zukommt, aus vielen Gründen über Bord. An ihre Stelle tritt die Erkenntnis, daß Wahrheit – zusammen mit anderen wie Relevanz, Wirkung und Brauchbarkeit – nur einer unter den Faktoren ist, die manchmal Einfluß auf die Richtigkeit des

2 Ein Gesetz dadurch abzuschwächen, daß man ausdrücklich genügend Abweichung vorsieht, kann Wahrheit bewahren, umgeht aber nicht die Notwendigkeit anderer Kriterien, da jede Alternative, die zumindest diese Abweichung zuläßt, auch wahr ist. Die richtige Wahl kann in der Formulierung mit dem geringsten Spielraum bestehen, die Verletzungen eliminiert und doch irgendeinen Standard der Gleichmäßigkeit oder Einfachheit erfüllt. Ferner ist zu beachten, daß die Aufzeichnungen über die bestimmten Einzelfälle selbst nur selten genau zutreffen.
Professor Michael Benedikt hat uns freundlicherweise auf Anselms faszinierende Erörterung der Wahrheit und Richtigkeit in »Concerning Truth« aufmerksam gemacht; in *Three Philosophical Dialogues*, ed. and trans. Jasper Hopkins and Herbert Richardson, vol. 1 of Anselm of Canterbury's *Theological Treatises* (Cambridge, Mass.: Harvard Divinity School Library 1965), pp. 4-42. Anselm berührt viele andere Themen, etwa Zeit und Indikatoren, die uns hier nicht beschäftigen. Er zielt letzten Endes auf eine Gleichsetzung von Richtigkeit und Wahrheit ab, was wir nicht tun.

Gesagten haben. Wahrheit ist gelegentlich ein Bestandteil der Richtigkeit.

Um Richtigkeit mit Wahrheit vergleichen zu können, haben wir uns auf Richtigkeit im Hinblick auf das, was Aussagen sagen, konzentriert. Aber Aussagen und andere Symbole, ob sprachlich oder nicht, können in verschiedenen Hinsichten richtig oder verkehrt sein im Hinblick auf andere Weisen, in denen sie symbolisieren können. Ein Satz in einem Gedicht oder eine Passage in einer Cellosonate können in den exemplifizierten Rhythmen oder den zum Ausdruck gebrachten Gefühlen richtig oder verkehrt sein. Muster, die in einem Konzert von Bartok oder einem Gemälde von Mondrian vorgeführt werden, können richtig sein; Gefühle, die durch schnurrige Schnörkel an einem Krematorium oder eine schwerfällige Bühne für ein Gilbert-und-Sullivan zum Ausdruck gebracht werden, könnten verkehrt sein.

Der relative Einfluß verschiedener Arten von Richtigkeit wandelt sich. Eine wissenschaftliche Abhandlung drückt selten ein Gefühl aus, und wenn jemand wirklich grollt oder großtut, interessiert das wenig. Auf der anderen Seite ist das, was *Gullivers Reisen* buchstäblich sagt, weniger wichtig als das, was es auf indirekteren Wegen vermittelt.

Die Möglichkeiten zur Beurteilung dessen, was richtig ist in einer Kosmologie, in einer Konzeption zur Mikrophysik, an der Komposition oder der Farbe bei einem Gemälde, am Tempo in einer Orchesteraufführung, dem Stil in einem Roman, dem Entwurf eines Bauwerks und so weiter und so weiter, sind breit gefächert und Sache der Praktiker und Theoretiker eines jeden Gebiets. Auch verändert sich Richtigkeit nicht nur mit den verschiedenen Gebieten, sondern auch, wie wir gesehen haben, mit den verschiedenen Aspekten eines einzelnen Symbols. Kein philosophischer Richterspruch kann ein allgemeines Kriterium oder Regeln zur Festlegung der Richtigkeit anbieten. Nichtsdestoweniger ist den verschiedenen Anwendungen und Verfahrensweisen etwas Wichtiges gemeinsam. Sie alle haben damit zu tun, eine

Positiv-negativ-Dichotomie aufzustellen oder eine Abstufung auf einer Prioritätenskala vorzunehmen, und sie haben an anderen, in höchstem Maße abstrakten, aber wichtigen Merkmalen teil. Die Frage, wodurch Richtigkeit allgemein konstituiert wird, muß so aufgefaßt werden, daß sie eine Charakterisierung oder eine Skizze dessen – und zwar mit Hilfe derartiger Merkmale – anstrebt, was den verschiedenen Arten der Richtigkeit gemeinsam ist, nicht jedoch einen Prüfstein, der Richtigkeit in jedem einzelnen oder tatsächlich in allen Fällen festlegt; sie strebt auch keine formale Definition an.

Die bereits gegebenen Beispiele deuten an, daß Richtigkeit eine Frage des Passens und Wirkens ist. Da Richtigkeit sich nicht auf die Symbole beschränkt, die behaupten oder beschreiben oder abbilden, ist das Passen hier kein Passen *auf* – keine Korrespondenz oder Entsprechung oder Spiegelung einer unabhängigen Realität –, sondern ein Passen *in* einen Kontext oder Diskurs oder einen bestehenden Komplex aus anderen Symbolen. Auf der einen Seite ist Passen keine schiere Kohärenz. Andere Faktoren wie längeres Inkraftsein zählen auch; dem Gefüge, dem Hintergrund, dem, worin eingepaßt wird, kommt eine gewisse Beharrung, ein Anspruch auf Bewahrung, eine vorläufige Priorität dem gegenüber zu, was in es eingepaßt wird. Darüber werden wir später mehr zu sagen haben. Auf der anderen Seite ist das Passen weder passiv noch eine Einbahnstraße, sondern ein aktiver Prozeß des Zusammenpassens; das Passen muß *erzeugt* werden, und das Erzeugen kann geringere oder größere Anpassungen an dem, *worin* etwas eingepaßt wird, oder an dem, was *in* etwas eingepaßt wird oder an beiden nach sich ziehen.

Das Passen wird durch das Wirken getestet, durch das Vorantreiben der anstehenden oder geplanten Arbeit. Was zählt, ist nicht so sehr das Wirken dessen, was eingepaßt wird, als das Wirken des sich ergebenden Ganzen. Die fragliche Arbeit kann von jeder möglichen Art sein, obwohl wir uns hier in erster Linie für kognitive Arbeit interessieren: ein beständigeres und umfassenderes Begreifen zu erreichen, Anomalien zu beseitigen, wichtige Unterscheidungen zu treffen und Verbindungen herzustellen, neue Einsichten zu gewinnen. Daher mag unsere Rede vom Wirken zwar ein Widerhall von Pragmatismus sein, aber wir versuchen keinesfalls, Richtigkeit auf Praktikalität[3] zu reduzieren, wie einige Pragmatisten es mit der Wahrheit versuchen; eine Maschine erfolgreich bedienen zu können, bedeutet noch nicht, daß man sie in jeder Hinsicht versteht. Und obwohl wir sagten, daß das Wirken ein Test für das Passen ist, sind die beiden auf engere Weise miteinander verbunden als dadurch; denn das Wirken ist auch eine Art des Passens – des Passens in einen laufenden Vorgang oder einen Prozeß oder ein Bemühen. Außerdem kann es sein, daß sogar das, was das Passen und Wirken konstituiert, Veränderungen durchmacht, daß es selbst angepaßt werden muß, um passen und wirken zu können.

3. Die Überführung der Gewißheit

Richtigkeit spielt nach unserem Vorschlag in unserer Neufassung eine Hauptrolle; dadurch haben wir Wahrheit nicht vollständig aufgegeben, sondern sie, ein wenig modifiziert, für eine Nebenrolle vorgesehen. Im Gegensatz dazu ist *Gewißheit* – eine hochtrabende Vermengung des Psychologischen und des Pseudologischen – nicht zu retten. Alternati-

3 Aber einige Pragmatisten kritisieren den Praktikalismus; Ch. S. Peirce zum Beispiel schreibt: »Wahre Wissenschaft besteht unverkennbar im Erforschen nutzloser Dinge. Denn die nützlichen Dinge werden ohne die Hilfe von Wissenschaftlern erforscht. Würden diese seltenen Geister für derartige Aufgaben verwendet, würde man gleichsam Diamanten verheizen, um eine Dampfmaschine anzutreiben.« Zitiert von Israel Scheffler in *Four Pragmatists*, London: Routledge and Kegan Paul 1974, p. 84, nach *The Collected Papers of Charles Sanders Peirce*, ed. C. Hartshorne and P. Weiss, 1, p. 76.

ven wie Wahrscheinlichkeit, Überzeugung und Zustimmung, die nur Aussagen zukommen, sind für unsere Zwecke zu eng und auch in anderen Hinsichten nicht geeignet. Akzeptierung könnte so weit gefaßt werden, daß sie auch Nichtaussagen umfaßt, aber *Übernahme* hat unübersehbare Vorteile. Wir können Gewohnheiten, Strategien, Vokabulare, Stile ebenso übernehmen wie Aussagen. Und während Akzeptierung häufig einer spezifischen, aber passiven Erklärung zu bedürfen und durch sie verwirklicht zu werden scheint, ist für die Übernahme keine derartige Erklärung notwendig oder hinreichend. Übernahme hat es mit dem Ingangsetzen einer Wirkung, mit dem Erzeugen oder mit dem Versuch zur Erzeugung eines Passens zu tun. Ein Symbol zu übernehmen bedeutet, es in den Apparat im Gebrauch, in das fertige Gefüge, in das im Entstehen befindliche Werk zu inkorporieren. Der Ausdruck »Übernahme« kann auf unterschiedliche Weise für einen solchen *Akt*, für den *Zustand*, übernommen und seitdem nicht fallengelassen worden zu sein, oder für das, was in einem solchen Akt übernommen wird oder sich in einem solchen Zustand befindet, gebraucht werden.

Übernahme setzt *keinerlei* Vertrauen voraus; es kann sein, daß sie bloß auf unverbindlichem Versuch beruht, daß sie das Ergebnis einer Zufallsauswahl aus gleichermaßen unattraktiven Alternativen darstellt, daß sie sogar – wie beim indirekten Beweis – dazu dient, das zu prüfen, was man für ganz verkehrt hält. Aber ob sich mit einer Übernahme nun positive oder negative oder null Erfolgserwartung verbindet, die umfassende Bemühung richtet sich darauf, ein relativ dauerhaftes, aber flexibles und produktives Netzwerk von Übernahmen zu schaffen.

Übernahme erhebt zwar keinen Anspruch auf Richtigkeit, sie kann jedoch an der Erzeugung von Richtigkeit teilhaben; denn insofern eine Übernahme in Kraft bleibt, erwirbt das Übernommene einen wachsenden Anspruch auf Richtigkeit. In einigen bemerkenswerten Fällen erhält eine Kategorie, ein

Prädikat oder eine Hypothese durch Verankerung Vorrang vor anderen – ein Ergebnis fortgesetzten oder wiederholten Gebrauchs: Was »Alle Smaragde sind grün« richtig und »Alle Smaragde sind glau« verkehrt werden läßt, wo doch beide auf alle verfügbaren Fälle gleich gut passen, ist Gewohnheit oder Praxis. Verankerung leitet sich nicht von Richtigkeit her; vielmehr ist es umgekehrt die Verankerung, die zusammen mit weiterem Passen und Wirken zur Richtigkeit *beiträgt*.

Doch wie läßt sich dies mit unserer früheren Charakterisierung der Richtigkeit als einer Frage des Passens und Wirkens vereinbaren? Zunächst einmal steht Übernahme am Anfang der Bemühung, ein Passen zu erzeugen und zur Wirkung zu bringen; daher hängen das Passen und das Wirken von der Übernahme ab. Außerdem stellt das Passen, wie wir bereits gesagt haben, kein bloßes Zusammenfügen von Elementen mit gleichem Status dar, sondern ein Einpassen eines jeden neuen Elements in einen bereits übernommenen Hintergrund, einen Apparat oder eine Struktur. Das Erzeugen des Passens kann es in der Tat erforderlich machen, den Hintergrund zu modifizieren, altehrwürdige Übernahmen fallenzulassen oder zu revidieren; aber der Hintergrund gibt nicht so leicht nach wie neue Vorschläge. Dies bietet in der Rekonstruktion eine gewisse Beständigkeit und differenziert zwischen Versionen, denen aufgrund der Kohärenz allein der gleiche Status zukommt. Der Hintergrund, unter welchem Namen auch immer, besteht zu jeder Zeit und für jeden Kontext aus dem, was zu dieser Zeit und in diesem Kontext bereits übernommen wurde und noch übernommen wird.

Eine wesentlich frühere Studie untersuchte, auf welche Weise das Erkennen von Elementen ausgeht, die unterschiedliche Grade von ›anfänglicher Glaubwürdigkeit‹ (*PP*, 60-68) besitzen. Dieser Ausdruck hat seine Nachteile. »Anfänglich« ist bisweilen im Sinne von »die allererste«, »ursprüngliche« oder sogar »eingeborene« mißverstanden worden, wo doch lediglich *zu Beginn* einer kognitiven Unternehmung gemeint war. Auch ist »Glaubwürdigkeit« eine komplexe und problematische Vorstellung, die auf »Anspruch auf Überzeugung« hinausläuft. Wir beschäftigen uns weniger mit anfänglicher Glaubwürdigkeit als mit *aktueller Übernahme*.

Den Anteil aufzuzeigen, den Gewohnheit, Tradition und langfristige Übernahme an der Richtigkeit haben, bedeutet keinesfalls, die Bewahrung gegenüber der Innovation hervorzuheben. Denn der etablierte Hintergrund erfährt nicht nur durch die Anpassung an neue Elemente eine beständige, wenn auch normalerweise allmähliche Veränderung, sondern eine gewisse Stabilität ist auch eine notwendige Vorbedingung für Neuheit. Innovation bedeutet schließlich und endlich Änderung etablierter Praktiken oder Vorlieben oder Prinzipien. Und bei der Suche nach Übernahmen, die eine Zeitlang halten sollen, besteht eine wichtige Überlegung darin, Hintergrundinstrumente zu entwickeln, die neue Forschung und neue Vorstellungen verkraften und vorantreiben.

4. Unbekanntes Wissen

Schließlich wird das Wissen, von Gewißheit und Ungewißheit gleichermaßen heimgesucht, in unserer Neufassung vom *Verstehen* abgelöst. Während Wissen bezeichnenderweise der Wahrheit, der Überzeugung und der Erhärtung bedarf, braucht Verstehen keines davon. Aussagen können ohne Rücksicht auf die mit ihnen verbundene Überzeugung verstanden werden; und wir können Bitten und Fragen und Verben und Tänze verstehen, obwohl diese weder wahr noch falsch sind, man weder von ihnen überzeugt ist noch sie bezweifelt und sie weder dem Beweis noch der Widerlegung unterliegen. Ebenso wie Richtigkeit eine größere Reichweite als Wahrheit und Übernahme eine größere Reichweite als Gewißheit hat, so hat Verstehen eine größere Reichweite als Wissen.

»Verstehen« ist ein vielseitiger Ausdruck für eine Fertigkeit, einen Prozeß, eine Fähigkeit. Erstens ist das Verstehen das, was man als das kognitive ›Vermögen‹ in einem umfassenden Sinne bezeichnen könnte: die Ansammlung von Fähigkeiten zu erforschen und zu erfinden, auseinanderzuhalten und ausfindig zu machen, zu verbinden und zu verdeutlichen, zu ordnen und zu organisieren, zu übernehmen, zu prüfen, zu verwerfen. Zweitens ist Verstehen der Prozeß, solche Fertigkeiten zur kognitiven Erzeugung und Wiedererzeugung einer Welt, von Welten oder einer Welt von Welten zu gebrauchen. Dieser Prozeß geht unaufhörlich weiter, denn Verstehen ist stets partiell; Symbole oder Weisen des Symbolisierens einzupassen und zum Wirken zu bringen, ist eine Aufgabe, die so vielgestaltig ist, wie Symbolsysteme, bezugnehmende Beziehungen und Situationen und Zielsetzungen es sind. Fortschritt des Verstehens besteht in der Verbesserung der wesentlichen Fertigkeiten oder in ihrer Anwendung zur Vertiefung oder Verfeinerung des Verstandenen. Drittens ist Verstehen das, *was* im kognitiven Prozeß erreicht wird, in etwa so, wie das Wissen in gewissem Sinne aus dem besteht, was bekannt ist, obwohl man von dem, was man versteht, nicht immer überzeugt ist oder es als wahr anerkennt.

5. Eine Neufassung

Wir konnten hier nicht mehr tun, als in bescheidenster Weise einige erste Schritte zu einer beabsichtigten Neufassung zu skizzieren, wir hoffen jedoch, daß dies den allgemeinen Charakter des Vorschlags anzudeuten vermag. Wir sagen *eine* Neufassung der Philosophie, nicht *die* Neufassung; wir sagen auch nicht Revolution, denn die Begriffe, denen ein neues Gewicht gegeben wird, sind selbst nicht neu, wenn sie auch etwas umgeformt wurden. Auf der anderen Seite ist das, was wir vorschlagen, kein Rückzug, kein bloßes Verwässern der vorherrschenden Auffassung. Wir haben Wahrheit nicht zugunsten von Bestätigung, Gewißheit nicht zugunsten von Wahrscheinlichkeit und Wissen nicht zugunsten von Meinung fallengelassen; und wir haben uns nicht mit einem schrankenlosen Relativismus abgefunden. Richtigkeit, obwohl sie manchmal Wahrheit einschließt, ist – sogar dort, wo es um Aussagen allein geht – ein zwingenderes Erfordernis, das nicht nur Behauptungen, sondern auch alle anderen Weisen der Bezugnahme betrifft und Symbole, die überhaupt nicht behaupten oder denotieren. Übernahme und Verstehen betreffen alle möglichen Symbole und Symbolisierungen.

Die beabsichtigte Neufassung, daran möchten wir erinnern, ist auch nicht dazu bestimmt, den Skeptizismus zu bekämpfen. Wir stimmen mit der skeptischen Schlußfolgerung, daß transzendente Wahrheit ebenso wie Gewißheit und Wissen unerreichbar sind, voll und ganz überein. Diese Schlußfolgerung ergibt sich nicht aus groben Unzulänglichkeiten der kognitiven Fähigkeit des Menschen, sondern gerade aus fatalen Fehlern in den Vorstellungen von Wahrheit, Gewißheit und Wissen. Deshalb war eine Neufassung notwendig geworden, die zwar mit der Unmöglichkeit, (transzendente) Wahrheit oder Gewißheit oder Wissen zu erlangen, völlig verträglich ist, jedoch eine größere Reichweite besitzt und andere Zwecke verfolgt.

Dies alles verändert die Art und Weise, wie wir die kognitive Bemühung ansehen, radikal.[4] Wird sie als Streben nach *Wissen* aufgefaßt, dann geht diese Bemühung von sicheren

4 Vergleiche diese Auffassung mit der in Paul A. Kolers und Henry L. Roediger III, »Procedures of Mind«, *Journal of Verbal Learning and Verbal Behavior* 23 (1984), 425-449; zum Beispiel (s. 425): »Die vorherrschende Metapher für Studien zum Lernen und zum Gedächtnis betont den Erwerb, die Speicherung und den Abruf von ›Information‹. (...) Bewußtsein wird (im vorliegenden Aufsatz) mit Hilfe der Fertigkeit im Umgang mit Symbolen beschrieben, und vom Begriff der Fertigkeiten wird gezeigt, daß er ein brauchbares Grundgerüst bietet, um charakteristische Aspekte des kognitiven Prozesses zu erklären.«

Wahrheiten aus und versucht, mit Hilfe von Ableitung, Beobachtung und Experiment andere zu entdecken und auf diese Weise zu einer genauen und umfassenden Beschreibung der ›wirklichen‹ vorgefertigten Welt zu gelangen. Die Grundlegung ist angeblich solide, die Methoden vorgeschrieben, das Ziel ewige transzendente Wahrheit. Wird sie im Gegensatz dazu als Fortschritt des *Verstehens* aufgefaßt, dann geht die kognitive Bemühung von dem aus, was gerade aktuell übernommen worden ist und integriert und organisiert, sondert aus und ergänzt dann weiter, nicht um zur Wahrheit über etwas bereits Vorgefertigtes zu gelangen, sondern um etwas richtig zu machen – um etwas zu konstruieren, das kognitiv wirkt, das zusammenpaßt und neue Fälle bewältigt, das zu weiterer Erforschung und Erfindung führen kann. Unterwegs werden Kandidaten, sprachliche oder nichtsprachliche, für eine neue Übernahme nicht nach ihrer Herkunft oder ihren Referenzen befragt; sie können aus mühsamem Studium, scharfsinnigen Vermutungen oder planlosem Raten herrühren. Der Test besteht darin, ob sie zum Passen und zum Wirken gebracht werden können. Und von dem, was eine Zeitlang wirkt, wird nicht erwartet, daß es für alle Zeit oder überall wirkt; selbst eine erfolgreiche Konstruktion wird nicht so aufgefaßt, daß sie Alternativen ausschließt. Insgesamt gleicht der Fortschritt des Verstehens eher dem Zimmerhandwerk als dem Rechnen.

Spätestens jetzt möchte man wohl einwenden, daß wir nicht so abrupt auf das Streben nach Wahrheit und Wissen verzichten können, und fragen: »Beanspruchen oder zumindest hoffen Sie nicht, daß das, was Sie sagen, wahr ist? Und wenn es so ist, daß Fortschritt des Verstehens Fortschreiten im Unterscheiden dessen, was richtig, von dem, was verkehrt ist, einschließt, beinhaltet das dann nicht, zu *wissen*, was richtig ist?« Auf die erste Frage antworten wir, daß wir hoffen, das, was wir gesagt haben, möge, wenigstens teilweise, *richtig* sein oder dem Richtigen irgendwie nahekommen, aber nicht, es möge wahr sein, außer dort, wo Wahrheit für die Richtigkeit notwendig ist. Wo Wahrheit und Richtigkeit im Widerstreit liegen, da entscheiden wir uns, wie der Wissenschaftler, der effektive Gesetze zu formulieren versucht, für die Richtigkeit. Und selbst wo Wahrheit gesucht *wird*, da ist dies keine transzendente, das Jenseitige betreffende Wahrheit, sondern immanente Wahrheit, die das betrifft, was die zur Prüfung anstehende Version erzeugt und worauf sie Bezug nimmt. Was die zweite Frage angeht, so bringt der Fortschritt des Verstehens wirklich ein Fortschreiten im Unterscheiden dessen, was richtig ist, mit sich, aber *nicht im Wissen* dessen, was richtig ist. Um geschickt und kundig, doch fehlbar, festlegen zu können, ob etwas richtig ist (oder rot oder gefährlich ist), muß man keine wahre, gewisse und begründete Überzeugung besitzen, daß es richtig ist (oder rot oder gefährlich ist), was immer das auch heißen könnte. Auf die Frage »Woher wissen Sie, was richtig ist?« lautet unsere Antwort, daß wir weder das noch irgend etwas anderes wissen. Das Bekannte weiß man nicht.

Wir gehen *von* einer Perspektive aus, die die Künste, die Wissenschaften, Philosophie, Wahrnehmung und unsere Alltagswelten umfaßt, und arbeiten *auf* ein besseres Verstehen jedes einzelnen aufgrund charakteristischer Vergleiche mit den anderen *hin*. Schematisch gesprochen beginnt der *erste* Abschnitt dieses Unterfangens mit der Beobachtung, daß der Gebrauch – das heißt, die Erzeugung, Anwendung und Interpretation – von Symbolen an all diesen Gebieten zentral beteiligt ist. Entsprechend wird eine allgemeine Theorie der Symbole und ihrer Funktionen umrissen (*LA*; *RR*). Der *zweite* Abschnitt faßt die Konsequenzen der Erkenntnis ins Auge, daß Symbole nicht immer Hilfsmittel darstellen, um Gegenstände, Ereignisse, eine der Entdekkung harrende Welt zu beschreiben, sondern ja gerade in die Konstitution dessen eingehen, worauf Bezug genommen wird (*WW*). Der gegenwärtige *dritte* Abschnitt geht von der Einsicht aus, daß die vorherrschende Auffassung von Philosophie hoffnungslose Mängel aufweist, wenn alle Gebiete des Erkennens, alle möglichen Symbole und alle Weisen der Bezugnahme berücksichtigt werden sollen, und geht daher zur Suche nach umfassenderen und ansprechenderen Begriffen über.[5]

6. Ausblicke

Eine derartige Neufassung erfordert noch viele andere Modifikationen außer denen, die wir erwähnt haben. Wenn an die Stelle von Wahrheit, Gewißheit und Wissen – die alle auf behauptende Symbole beschränkt sind – Richtigkeit, Übernahme und Verstehen treten, dann müssen zusätzlich einige Begriffe weiter gefaßt beziehungsweise durch andere ersetzt oder ergänzt werden, um denselben größeren Bereich abdecken zu können. Überzeugung, Zweifel, Evidenz, Wahrscheinlichkeit und Bestätigung zum Beispiel haben es im allgemeinen mit dem zu tun, was Aussagen *sagen*; in alltäglicher Rede geben wir keine Evidenz für oder gegen eine Sehweise oder ein Klassifikationsschema an oder bestätigen sie oder bestätigen sie nicht. Aber in einem weiteren Sinne kann man vom Erfolg beziehungsweise Mißerfolg, eine solche Weise oder ein Schema oder auch eine andere Nichtaussage nach ihrer Übernahme zum Passen und Wirken zu bringen, sehr wohl sagen, daß sie sie bestätigen beziehungsweise nicht bestätigen – das heißt, ihrer Übernahme eine feste oder weniger feste Dauer verleihen. In ähnlicher Weise können ein Gemälde oder eine Klaviersonate, obwohl sie sich nicht beweisen oder widerlegen lassen, in dem Umfang ›überzeugen‹, als die Wahrnehmungen oder Muster oder was auch immer sie sonst exemplifizieren oder ausdrücken oder worauf sie in anderer Weise Bezug nehmen beziehungsweise die Art und Weise, in der sie eine derartige Bezugnahme bewir-

5 Man beachte jedoch, daß für den gegenwärtigen dritten Abschnitt die Übereinstimmung mit allen in den beiden Abschnitten davor dargelegten Ansichten nicht erforderlich ist.

ken, unser Verstehen verbessern – mit anderen Worten, in dem Umfang, als sie in unsere Bemühungen um die Konstruktion einer Version oder Vision mit Erfolg eingefügt werden.

Sogar elementare logische Begriffe werfen faszinierende Probleme auf. Das Negat einer falschen Aussage ist wahr, aber das Negat dessen, was verkehrt ist, kann auch verkehrt sein; »$2 + 2 = 4$« und »$2 + 2 \neq 4$« stellen gleich verkehrte Antworten auf einige Fragen dar. Und wenn ein Entwurf, ein Rhythmus, eine Farbe oder eine Nebeneinanderstellung von Farben verkehrt ist, ist ihr Negat dann stets richtig? Das hängt offenkundig davon ab, wie »Negat« in solchen Fällen gebraucht werden soll. Ist Schwarz das Negat aller Farben oder ist das Negat einer Farbe ihre Komplementärfarbe oder ist, da keine zwei Farben denselben Raum zur selben Zeit einnehmen können, jede Farbe ein Negat jeder anderen? Kann ein Stil das Negat eines anderen sein, oder kann er nur von ihm verschieden sein? Für nichtsprachliche Fälle, wo es keine festgesetzten Zeichen oder Wörter oder Wendungen zum Vollzug der Negation gibt, brauchen wir einen allgemeineren Begriff des *Gegensatzes*, der wahrscheinlich mehrere Arten hat, von denen einige der sprachlichen Kontradiktion und Kontrarietät entsprechen. Andere logische Begriffe als die Negation – zum Beispiel Konsequenz und Konsistenz – müssen in derselben Weise bearbeitet werden. Im Gegensatz zum äußersten Skeptizismus und unverantwortlichen Relativismus hat der Konstruktivismus stets jede Menge zu tun. (*Goodman/Elgin*)

Nachweise

Versionen der folgenden Kapitel sind früher veröffentlicht worden:

Kapitel II in *Das Abenteuer der Ideen: Architektur und Philosophie seit der Industriellen Revolution*, hg. v. Claus Baldus und Vittorio Lampugnani, Berlin: Internationale Bauausstellung 1987, in Deutsch; in *Critical Inquiry* 11 (1985); in *Domus* (Mai 1986), in Italienisch und in Englisch.

Kapitel III in *Critical Inquiry* 12 (1986).

Kapitel VII (unter dem Titel »Representation, Comprehension, and Competence«) in *Social Research* 51 (1984).

Versionen der folgenden Kapitel erscheinen demnächst:

Kapitel I (unter dem Titel »Savoir et Faire«) in *Encyclopédie Philosophique*, Paris: Presses Universitaires de France, in Französisch.

Kapitel IV in *Essays in the Philosophy of Music*, hg. v. V. Rantala, L. Rowell und E. Tarasti, Helsinki: Acta Philosophica Fennica 1987.

Kapitel V (unter dem Titel »Pictures in the Mind?«) in *Images and Understanding*, hg. v. H. B. Barlow, Colin Blakemore und Miranda Westin-Smith, Cambridge University Press.

Kapitel VI (unter dem Titel »›Just the Facts, Ma'am‹!«) in *Relativism: Interpretation and Confrontation*, hg. v. Michael Krausz, Notre Dame: University of Notre Dame Press.

Kapitel IX in *Synthese*.

Kapitel X in *Bewußtsein, Sprache und die Kunst*, hg. v. Michael Benedikt, in Deutsch.

Namenregister

Sachregister

202/1/8.92

202/2/8.92

suhrkamp taschenbücher wissenschaft
Psychoanalyse, Psychologie, Sozialpsychologie

Altman: Praxis der Traumdeutung. stw 994

Bareuther. u. a. (Hg.): Forschen und Heilen. stw 698

Bateson: Geist und Natur. stw 691

– Ökologie des Geistes. stw 571

Bateson u. a.: Schizophrenie und Familie. stw 485

Bauriedl: Beziehungsanalyse. stw 474

Bernfeld/Cassirer Bernfeld: Bausteine der Freud-Biographik. stw 727

Bertram (Hg.): Gesellschaftlicher Zwang und moralische Autonomie. stw 450

Bion: Lernen durch Erfahrung. stw 1021

Bruder: Psychologie ohne Bewußtsein. stw 415

Bude: Bilanz der Nachfolge. stw 1020

Bungard/Lenk (Hg.): Technikbewertung. Philosophische und psychologische Perspektiven. stw 684

Castel: Die psychiatrische Ordnung. stw 451

Chasseguet-Smirgel: Das Ichideal. stw 682

Cremerius: Zur Theorie und Praxis der Psychosomatischen Medizin. stw 255

Cremerius (Hg.): Die Rezeption derPsychoanalyse in derSoziologie, Psychologie und Theologie im deutschsprachigen Raum bis 1940. stw 296

Dahmer: Libido und Gesellschaft. stw 345

Damon: Die soziale Welt des Kindes. stw 884

Deleuze/Guattari: Anti-Ödipus. stw 224

Devereux: Angst und Methode in den Verhaltenswissenschaften. stw 461

– Normal und anormal. stw 395

– Träume in der griechischen Tragödie. stw 536

Dolto: Psychoanalyse und Kinderheilkunde. stw 778

Drews/Brecht: Psychoanalytische Ich-Psychologie. stw 381

Eckstaedt: Nationalsozialismus in der »zweiten Generation«. stw 1026

Eckstaedt/Klüwer (Hg.): Zeit allein heilt keine Wunden. stw 308

Edelstein/Habermas (Hg.): Soziale Interaktion und soziales Verstehen. stw 446

Edelstein/Keller (Hg.): Perspektivität und Interpretation. stw 364

Edelstein/Nunner-Winkler (Hg.): Zur Bestimmung der Moral. stw 628

Edelstein/Nunner-Winkler/Noam (Hg.): Moral und Person. stw 1047

Erdély: Wie sag ich's meiner Mutter. stw 747

Erdheim: Die gesellschaftliche Produktion von Unbewußtheit. stw 465

210/1/8.92

suhrkamp taschenbücher wissenschaft
Psychoanalyse, Psychologie, Sozialpsychologie

– Psychoanalyse und Unbewußtheit in der Kultur. stw 654
Erikson: Dimensionen einer neuen Identität. stw 100
– Gandhis Wahrheit. stw 265
– Identität und Lebenszyklus. stw 16
– Der junge Mann Luther. stw 117
– Der vollständige Lebenszyklus. stw 737
Flader/Grodzicki/Schröter (Hg.): Psychoanalyse als Gespräch. stw 377
Fromm: Die Gesellschaft als Gegenstand der Psychoanalyse. stw 1054
Furth: Intelligenz und Erkennen. Die Grundlagen der genetischen Erkenntnistheorie Piagets. stw 160
Geulen (Hg.): Perspektivenübernahme und soziales Handeln. stw 348
Geuter: Die Professionalisierung der deutschen Psychologie im Nationalsozialismus. stw 701
Goldstein/Freud/Solnit: Diesseits des Kindeswohls. stw 383
– Jenseits des Kindeswohls. stw 906
Goldstein/Freud/Solnit/Goldstein: Das Wohl des Kindes. stw 741
Grunberger: Vom Narzißmus zum Objekt. stw 392
Hausen/Nowotny (Hg.): Wie männlich ist die Wissenschaft? stw 590
Helfer/Kempe (Hg.): Das geschlagene Kind. stw 247
Jacobson: Depression. stw 456
– Das Selbst und die Welt der Objekte. stw 242
Jäger (Hg.): Kriminologie im Strafprozeß. stw 309
Kernberg: Borderline-Störungen und pathologischer Narzißmus. stw 429
Khan: Entfremdung bei Perversionen. stw 775
Kohut: Die Heilung des Selbst. stw 373
– Introspektion, Empathie und Psychoanalyse. stw 207
– Narzißmus. stw 157
– Wie heilt die Psychoanalyse? stw 786
– Die Zukunft der Psychoanalyse. stw 125
Laplanche/Pontalis: Das Vokabular der Psychoanalyse. stw 7
Lenk: Zwischen Sozialpsychologie und Sozialphilosophie. stw 708
de Mause (Hg.): Hört ihr die Kinder weinen. stw 339
McDougall: Plädoyer für eine gewisse Anormalität. stw 844
Menninger: Selbstzerstörung. stw 249
Mentzos: Interpersonale und institutionalisierte Abwehr. stw 709
Oser: Moralisches Urteil in Gruppen. stw 335
Oser/Fatke/Höffe (Hg.): Transformation und Entwicklung. Grundlagen der Moralerziehung. stw 498

210/2/8.92

210/3/8.92

211/2/8.92